imaginist

想象另一种可能

理
想
国

imaginist

混大成人

宁浩_林旭东_对谈录

广西师范大学出版社
·桂林·

图书在版编目(CIP)数据

混大成人 / 宁浩, 林旭东著. —桂林：广西师范大学出版社, 2012.4

ISBN 978-7-5495-0518-0

Ⅰ. ①混… Ⅱ. ①宁… ②林… Ⅲ. ①电影评论－中国－文集
Ⅳ. ①J905.2-53

中国版本图书馆CIP数据核字(2012)第049235号

广西师范大学出版社出版发行

桂林市中华路22号邮政编码：541001
网址：www.bbtpress.com

全国新华书店经销

发行热线：010-64284815

北京盛世双龙印刷有限公司

开本：880mm×1230mm 1/32

印张：6.875 字数：120千字 图片：47幅

2012年4月第1版 2012年4月第1次印刷

定价：24.00元

目录

宁浩近照

序

宁 浩

一白张云:黄金上映，应当聒噪，不然市乱声杂，恐无人问津。

余私下寻思：写字在今天已非神圣不可侵犯之特权，因文字渐现原始，日趋式微，造纸也被冠以高碳重罪，不知“书”尚能存世几许?不如趁火打劫，借机也出他一本“纸书”，也好在纸落得胶片一般下场之后当作古董!小人之心昭昭。

现如今立传者多如牛毛，我倒无心掺和。恐怕我的传写出来也索然无味，精彩不及列位，还招自个儿恶心。恰巧林旭东先生愿来叙旧，倒不如败火地吹场牛逼，扯场闲蛋，聊博一笑。

说文字式微，倒不是心存不敬，实在是觉得识字甚苦，读字甚苦，写字甚苦，乃我等生灵生命之初第一苦事，自从文字诞生，系疙瘩的草绳便只用来绑草绑牛绑人了。如今影像之术与网络电脑之辈勾结，信息之巨大，传输之便捷，逐渐侵占文字之旧有功能。

读图易于读字，文字乃逻辑学符号学之复合，习之不易，观之不便，沟通容易曲解，有图有声相对直观简单，也不分国家地区。此一学问也逐渐降下门槛，人人皆可为之，电影之术也会从特定之娱乐艺术形式转化为民间通用语言，救万民于识字之苦，岂不是万民之幸？愿文字早日去绑草绑牛，莫再绑人。虽显残忍，但人类之成长一如个人之成长，唯有牺牲，方可向前迈进！

好了，扯完这些大不敬的蛋，开始用文字记录与林先生的聊天吧，观后欢迎耻笑！

上帝开了一个玩笑

《黄土高坡》。马蒂斯。鲁迅全集。摇滚乐。画展。诗会。

林旭东 你说你原来很喜欢摇滚，你是什么情况下接触到摇滚的？

宁 浩 我十几岁的时候经历了一个伟大的时期，我对八十年代非常有感情，八十年代什么奇奇怪怪的东西都能看到，而且信息突然涌进来，带来巨大的冲击。我记得我上小学的时候是非常稳定的时期，八五年之前，小学二三年级，每天中午放学回家听广播，听评书，讲《白眉大侠》、《三国演义》，那个时候你感觉院子里到了中午非常安静，太阳很大，没什么人，《阳光灿烂的日子》里那种感觉，偶尔有人会吆喝卖豆腐或者换大米，只有这种声音，家家都是听收音机、做饭、吃饭、下午去上学。田园式的生活。但是到了四五年级以后，好像从倒夏令时的时候开始，觉得信息量变大了，你开始听到不同的音乐，当然邓丽君早就开始有了，可是邓丽君对我们来说有点老气，因为工厂的男孩子，可能更多的需要有力量、比较有劲的东西。我记得最早听到一个派别叫“西北风”，唱的是“我家住在黄土高坡”，突然开始有一些不一样，然后崔健开始上台唱《南泥湾》，他唱《南泥湾》是有解构精神的，我们一般听的《南泥湾》是郭兰英她们唱的。

林旭东　那时候已经挺晚了，八十年代末。

宁　浩　他是八六年还是八七年开始唱这个歌的。但是他具备某种不一样的东西。

林旭东　你最早听到的是卡带还是什么？

宁　浩　我记得最早是广播里面有，后来变成有合辑，一人唱一首，拼的一盒。一开始也不懂，都是泛听，但是从里面慢慢找出来几首好听的。因为是学画画的，还会订一些专业杂志，你开始看到不一样的东西，不仅仅是以前那些书上素描、色彩等特别传统的绘画，比如说我那时候开始看到米勒，好像马蒂斯也是从那时候开始看到的，当然毕加索那些早期是看不到的，我对毕加索一直都没有什么强烈的感触。然后小说也特别蓬勃，那个时期一本一本的，像苏童、莫言。一直维持到九十年代中期，我在山西觉得那是很蓬勃的一个时期，文艺上很活跃。我记得那时候看到小说《活着》，看得非常激动，你突然发现原来当代还有这样的活着的作家，产量那么高，写得很好看。你的注意力从那些已经死了跟你没有什么关系的作家身上突然转移。

林旭东　你看过金庸吗？

宁　浩　我不看武侠小说，到现在都不看，从来都看不进去，我逼着自己看过一段，买了一套金庸，但是看不动，我很难进入到一个纯浪漫主义的语境里面去。但是我看《活着》和有现实主义色彩的东西，我其实非常喜欢。包括王朔，包括鲁迅，鲁迅的东西我特别喜欢看，严格说我最早喜欢看书是从读鲁迅的书开始的。鲁迅属于很能启蒙人的作家，他的文字修养很高，他不是我们概念中一个简单的斗士而已，我上小学就把《鲁迅全集》都读完了。那是个信息量巨大的时代，我很感谢八十年代的那种洗礼。

我从开始喜欢听《黄土高坡》这种音乐开始，到上中学，到九十年代初逐渐知道有各种各样的流派，那是摇滚的第一波浪潮，“中国火”那帮人开始出现。我觉得他们跟我更有关系，港台音乐虽然我也听过，但我总觉得港台音乐是一种小情调，情情爱爱，虽然对那个年纪的孩子来说有感触，可是总觉得距离比较远，没有切肤之感，隔靴搔痒。但是摇滚乐所渗透出来的浓烈情感，我觉得跟我是有肌肤关系的，让我有触觉。他们唱的情歌，我觉得这就是我们的事，是哥们家邻居家的事，没有那种遥远的距离，所以它会留得更久一点，你会发现它的力量更强。然后开始喜欢听国外的，但是因为语言不通，实际上只能听音乐，你开始听到像Pink Floyd、Nirvana ，还有山羊皮、性手枪、枪花……很大的一股潮流涌进来。那个时期感觉还有很多诗人，我还去看过他们的诗会。

林旭东　在北京？

宁　浩　在山西，山西这种圈子非常小。

林旭东　山西也有乐队？

宁　浩　有摇滚乐队，还有摇滚乐队在礼堂里面搞的小范围演出，虽然都是以拷贝北京乐队为主的演唱，但是乐队之间开始有很多的活动，互相邀请去看表演，有时候中间还有诗会，我觉得那是很有趣的一个时代。还有画展，画展几乎只在各专业院校之间，但是毕竟是一个圈子，虽然是很小的圈子，但是很丰富。

林旭东　你自己是不是也搞过乐队？

宁　浩　对，我们那个时候学校的一群人。

林旭东　在山西电影学校还是高中？

宁　浩　山西电影学校。搞了几年，到现在什么也没搞出来，只是那段记忆很有意思，在村里面到处找可以排练的地方，必须要到农村去。

林旭东　你在乐队里是……

宁　浩　弹吉他，唱歌。其实是一种热情，那个时候更多的是你的荷尔蒙不知道往哪儿宣泄。

退学。山西电影学校。画画。成长。迷茫。张敬云。

林旭东　在山西电影学校上了几年？

宁　浩　四年，中专。

林旭东　那四年看起来对你也是很关键的。

宁　浩　很关键。因为我的人生观和方法论建立的阶段是那四年，可能比一般的孩子要早一点，很多孩子是在大学去完成，因为普通高中没时间思考这些问题，只顾上考大学了，这是中国小孩晚熟的原因，你给他太大的压力，他没有时间思考青春期等等那些问题，没时间谈恋爱，没时间听音乐，没时间去思考问题，只有语文、数学、化学这些，所以把他们的成熟阶段整整推后了四五年，推后到高校里面去完成，我幸运的是没上高中。

林旭东　能不能介绍一下山西电影学校是个什么样的学校？

宁　浩　山西电影学校最早是山西省电影公司办的一个技校，是为了培养电影放映员，训练维修电影放映机这个职业技能的，我们是第一批所谓的艺术类的学生。为什么招我们去呢？是因为他们需要一些画海报的人，以前的海报都是画的，没有彩喷技术。我记得我还画过一张，我画的唯一一张海报就是刘德华。我当时在上高中，我其实很不想上高中，我跟我妈也说过不想上大学，我英语特别差，几乎没有考上大学的可能，上高中也不好好读书，那时候上学还打过一架，跟初三的学生，那个学生也不是什么好孩子，上着课打起来。老师在上面讲课，我们就冲到里面把人给打了。打完之后，性质比较严重，当时我正在琢磨怎么处理。其实山西省电影学校第一年招生很奇怪，十一月份招生，一般艺术类都早招，它这个学校经历了一次决定，决定存在还是不存在，最终是存在下来，所以错过了招生时间，就晚到十一月份，我正好打了一架不知道怎么处理的时候，学校给我发通知书说你可以考这个学校，我说好，我不上课了，我去考这个学校去。基本上只要考就能去。

林旭东 考什么？

宁　浩 考绘画。

林旭东 你以前就喜欢画画？

宁　浩 对，小时候就画画。也好，也不好，更多的是一种逃避读书的办法。然后就去考，考上就去了，结果一去，那个学校太牛逼了，完全是一个放羊的学校。一年多没校长，因为那个学校已经在半死不活的边缘状态，没人愿意来当校长，一个无政府状态。我们在电影公司里头，底下是发行部，楼上就是办班的，一共四间教室，两间上课，两间是宿舍，一个宿舍睡三十多学生。太热闹了，你想睡三十多个十五六岁的，那得多热闹，就跟戏班子一样。什么毛病都在那学会的，什么抽烟啊，全是在那学会的。关键这帮孩子有大有小，我们班就有二十岁的，年龄差很大，又热闹，老的教着小的学坏。但是很好的是，它给了你那么自由的时间。到一年多之后重新批了一个校舍，因为是一个新学校，所以三天两头搞建设，那儿以前是一个特破的四合院，到处是煤堆子什么的。终于调来一个校长，因为电影公司也接不住，最后把学校交给文化局，文化局就给我们批了一块地，天天忙着盖房子，一盖房子我们就停课，我妈都奇怪我上的什么学校，放假比上学时间多。老师也觉得不像话，就说出去写生吧，然后拉着一帮学生出去玩，到绵山、乔家大院，反正就玩儿吧，就跟旅游一样，一跑一个月。要不然就到部队，跟部队借一个院，在里面画画，还得军训。就这样过了非常有趣的四年，因为那个学校一直在忙乎它的事，结果我们玩儿得很开心，压力很小。

林旭东　成长了？

宁　浩　我觉得那是最好的成长，你突然解放了，你以前读十年的书，都是天天往那一摁，不管你喜欢不喜欢，必须得塞进去。现在你感觉你自己是一个社会人了，我觉得比大学都舒服，没考勤。我们在学校里面发动运动搞斗争什么的，罢考，基本大学里干的事我们都提前干了。然后谈恋爱。

林旭东　那个时候就开始了？

宁　浩　基本上全都是那个时间，艺校，出了名的就是乱。但是那个时期，面向社会的门打开了，它不是那么严格的一种学校的教育方式。因为像我们这种属于上学年龄小的，绝大多数学生都年龄大，都是十八以上的，中专毕业直接面临分配。我的人生

宁浩自画像

观和方法论是在那个阶段形成的。在头一两年觉得开心好玩，但是玩两年之后就不好玩了，因为你会觉得无趣，其实那就是一种拷问，你将来会怎么样？到三四年级的时候，快要成年，靠近那个界限的时候压力就开始产生了，你开始转向另外一种方向。那是我到现在都觉得最像学校的一个地方，那是我的大学。我后来再上大学完全没有上大学的感觉，我到上大学的时候心态已经非常成熟了，已经很有目的地知道自己要学什么和不学什么，所以我在大学上课都是有选择地上。

林旭东　除了美术专业还有别的专业吗？

宁　浩　第一届是美术专业，每年只招两个班。第二届是一个美术班，一个制作班。

林旭东　制作做什么？

宁　浩　就是影视节目制作，其实培养的就是电视台的编导、摄像。我们那时候很看不上制作专业的人，我们觉得光“制作”这俩字就跟艺术八竿子够不着的感觉，觉得不是一回事，不要跟我们聊，不带你玩儿，觉得搞制作的低人一等，因为我们是搞艺术的，我们会跟低一届的九三二班接触，因为二班是美术班，他们可以跟我们玩儿，搞美术的配，搞制作的不配，就有那种感觉。再到下一届开始有表演系。

林旭东 现在这个学校还在吗？

宁 浩 后来合并到省艺校，省艺校变成大学了，相当于也不存在了。

林旭东 这个经历跟你在《黄金大劫案》里提到的“牺牲带来成长”的理论矛盾吗？

宁 浩 牺牲是放弃，你快活之后换来的是什么？是一个特别迷茫的东西。人在短期内的快活之后换来的是另外一个东西，就跟吸毒一样，跟喝大酒一样，你喝完一个大酒，今天晚上特开心，第二天早上起来痛恨昨天晚上喝酒，你会觉得自己有神经病，它会马上变成一种反作用力。那一段时间是我思考的阶段，是让我蹲下，而往前跳那一步是事后，是快乐的四年之后。到临毕业，我第一次感受到人生的迷茫。不光是迷茫，还有一个自我琢磨的阶段，那个阶段其实是很痛苦的。

林旭东 就是在电影学校后期。

宁 浩 对，大概有一两年你不知道何去何从，突然发现失去了你有可能的目标和方向。因为你看不到未来，靠绘画在那个时

森林公園中
一个工地.
宁浩
11.17

宁浩速写作品

候不可能生存，当时好像也比较少自居画家的，要不就是一小撮在圆明园里的人，每天被轰来轰去的，你不知道这个东西有什么可能的方向。那时候感觉很像你被抓了，关在拘留室里，你也不知道等待你的是什么，你也不知道现在是几点。我有过被公安机关拘留的那种感觉，把你扔到一个空的房间里，水泥墙，没有窗户，看不到外面，你在这里面呆着时间过得非常慢，凝固了，你也不知道现在几点，你也不知道等待你的会是什么，什么时候开这个门，开门是进来人还是把你带出去。当人进入到那种状态的时候，有一种莫名的焦虑和恐惧。

林旭东　一直到什么时候？

宁　浩　一直持续到最终决定来北京。我觉得我不能在这待下去，而且还有一个很明显的感觉，就是你看不到希望。

林旭东　之前来过北京吗？

宁　浩　上学的时候来过。你在那个环境处处碰壁，感觉也没有人会跟你谈论绘画的问题和音乐的问题，你身边的人，一开始上学时候跟你做音乐玩儿的，后来因为很现实的问题，这个去银行上班了，那个要回去开小卖部挣钱，你就觉得你看不到将来这些人是有希望和出口的。也就是那个时期，大概到九十年代中期，我觉得一个美好的时代结束了，一个文化蓬勃发展的时期结束了，物质开始变得越来越重要，现实这个问题开始明显起来，而且我们也刚好卡在那个年龄上，你面临着很现实的生活还是理想的选择。我觉得从九二、九三年开始这个味道就变了，已经没有那种氛围，当然这个原因我们也都清楚。在这种压力之下，你不是往那方向去的，生要把你从喜欢的方向拽回来，让你面对现实的问题，然后就开始焦虑。你在这看不到希望，因为周围的人都被迫选择了不同的方向。

我记得我们乐队那个小女孩，那个鼓手，我觉得她蛮有潜力的，可是她被迫要放弃敲鼓。当时凑钱给她买鼓，那是挺有理想的一个状态。但是后来还是没有办法，她家里人下岗，她要去上班，到电信局做一个推销 BP 机的工作，只有那样才能生存下去。到今天她还留着我们当时凑钱给她买的鼓，她觉得那个东西曾经是她的一个希望。可是那个鼓只能摆在家里，她现在还是在卖手机。与自己的理想擦肩而过，但是又无能为力的状态，你没有权力选择别的东西。

当时在山西就是那么一个感受，周围一个一个看到的都是这样的。我又分配到山西话剧团，给人打了几个月开水，我觉得太绝望了，你学的东西在这个地方根本用不上。我每天的工作就是打水擦地，在话剧团里只干了一件事，抄了个板报。

林旭东　那是在九几年？

宁　浩　九六年、九七年。没什么事情做，在一个黑洞洞的筒子楼里面，一个半死不活的剧团，你每天只要来一趟就行了，甚至找别人给你签个到就行，你也不用去，一个月一百八十块钱，你会觉得非常绝望，而且你看到周围那些人是那样的结果。我觉得这是两个步骤，第一个步骤，上艺校是解放思想的一个过程，没人管你了，没人告诉你什么是对的，突然解放了四年，然后又给了你一个巨大的打击，你开始考虑需要改变，你就要选择怎么改变，我记得当时我不想像他们一样。我以前那些朋友有时候还有联系，我现在回顾，也都觉得非常危险，那种生活真是挺要命的。所以我当时开始反抗，一开始毕业把我分配到太钢电视台我就没去，我拿着那个东西去报道，进去看了一圈，没进人事科，他们问我干嘛，我说没事，转转。出去就把我的报道材料塞到垃圾筒里了。

林旭东　太钢电视台是做什么？

宁　浩　很小的厂矿电视台，太钢当时有十几万职工，最后精简到两万。后来我不去了，才去的话剧团，就是一个接一个的现实的打击，再到后来你看到周围那些人的生活，它是一个温水煮青蛙的过程，你就会很焦虑。在关键点上总会有那么几个人出现，那时候我跟一个老师学音乐，也算不上是学，他开琴行，而我那

宁浩画作，背景是太原钢厂

个时候老呆在琴行里面帮他卖东西，我们之间是一种很松散的关系，也不是雇佣关系，就是朋友。但是他比我大十来岁，那个时候我们十九、二十，他三十多岁，他走过一些别的道，比我们走的路长，所以他经常会给我们一些意见。他当时跟我说你应该出去读书。我当时已经想着拿一笔钱到太原开个店，当时我们家有钱，说你开个服装店吧，我在到处找开服装店的地方，其实就是选择了现实。后来那个朋友跟我聊，他叫张敬云，说你应该去读书。我说为什么？他说道理很简单，因为你想做生意，四十岁的时候也可以做生意，但是做生意这事有多简单呢？一毛钱来的，你一毛一卖就赚了一分钱，一毛二卖就赚两分钱，就这么简单，这个事跟年龄没关系。可是出去读书，也就只有现在能干，四十岁干不了，所以你应该出去走走。我说那我的家人不同意怎么办？他说我给你钱。我说好吧，我也不需要你这笔钱，但是我觉得你说的是对的。

我觉得他给我的影响还是比较重要的，起码有人肯定了你，暗合了你的潜意识想法：离开这里。我在想能去的地方只有一个，就是北京。因为上中专的时候总来北京，北京还是代表着很多不同的符号，它毕竟是文化中心和政治中心。那会经常来北京看画展，那时候也没有网络，你要获取信息，北京是最直接的信息中心。我记得九二年第二届中国油画展，来的时候就惊了，觉得在这可以看到这么多高手的绘画，因为你在山西只能看到教科书上传统的塞尚、米勒的那些东西，你到这能看到国内的高手作品，我现在都记得好多那个时候的画，印象很清楚。现在你上网随时一搜就有，但是以前你要想看到那几张画只能到北京来，你只能在北京看到那些影像，你只能在北京听到最先锋的音乐，你能在酒吧听到有人现场唱，在地方上这都不是一般人能接触得到的，所以要去的话只能去北京。

林旭东 这是哪一年？

宁　浩 九七年，跟单位请了病假就来了，来了就没回去。

酱豆腐。六张文考单。两个长得很像的人在一块抽了一盒烟。上帝开了一个玩笑。周坤。赚钱。MV。一些别的东西开始发酵了。

林旭东 你刚来北京的时候还不是很明确要干什么事？

宁　浩 不是很明确，当时是一种抉择，你要放弃你生活二十多年的城市，到一个你完全陌生的、不认识的地方，没有熟人，你放弃的是你的工作，你积累的所有东西，包括稳定的生活、家庭等等，都不要了。其实还是需要决心的，而且直接就会有各种不适应。当时我爸也不支持我，都得闹翻了才能来，你到这他不支持你，也不给你钱，不给你钱生活质量直接掉下去。我当时揣着两千多一点来的，到了北京我报中央工艺美院考前班，一年收三千多块钱，我说我能不能先交一学期的，人家商量半天，讨价还价，最后收了一学期的，一千七百五十，我就剩下三百多块钱，还要在北京活下去，这就成了最要命的问题。先住地下室，那时候住地下室很普遍，大家都住地下室，一个地下室八个人。交了地下室一个月一百七十五块钱的房租，还剩下一百多块钱，那就得算计着过日子，天天想着每天吃两顿，一顿小笼包，一顿是烧饼，再买一瓶酱豆腐，到现在我还很爱吃酱豆腐，就是那个时候养成的习惯，一块酱豆腐加一个烧饼是最便宜的生活成本。

这就是你选择这条路的结果，你必须得放弃掉以前那些，而且还得跟你老子顶着干，还得扛着压力，到这来也不知道怎么样。不是到了这就有希望，不是到了这就给你打开一扇光明的大门。我觉得刚来那个状态还不如在太原，压力更直接。因为当时还有别的人一块来，后来好多人纷纷回去，你要努力拼搏，但不见得能赢，你还要面临可能会输的结局。你牺牲了，也不见得赢，这是最残酷的。而且很可能因为你这一下走得不对，你回去更惨，因为你连工作都没有了，你回去可能更找不到你的位置。很多人都是这样来回不停地放弃，奇奇怪怪地走到一条路上去，周围有很多这样的人，到最后变成什么事都干不成，不断地放弃。所以割舍是成长的一个途径，但割舍不见得能成功。你不扔掉太原的那种环境，走不到下一步来，可是你扔掉也不见得走得就对。再到后来其实还有更大的一个打击，就是我考工艺美院，我没考中央美院，我一直不觉得我是考中央美院的人。我当时考好几个学院，工艺美院、服装学院、电影学院。

林旭东　中戏考过吗？

宁　浩　没考过，没准备上那个，因为我们叫山西电影学校，所以我才考电影学院，当时也没觉得要搞电影，觉得这事跟我完全没关系，没有建立电影梦想，我只把考学当作一个出路。而且当时从那个阶段走过来，美术是我的梦想，我是觉得如果有机会将来从事美术工作，到杂志社或者哪儿做一个美编什么的，是一个特别理想的工作方向。我当时还考过中国戏曲学院、无锡轻工，反正我拿了六个学校的文考单，但是当年那个只能填第一志愿，其他所有填报第二志愿的基本不予考虑，你只有一次选择的机会，坏就坏在中央工艺美院。你拿着中央工艺美院的文考单就开始有欲望了，然后就第一志愿填了中央工艺美院，填完之后学文化课，我在北京八十中还补了文化课，得回山西参加文化课考试，考完之后成绩单下来，没考上。英语单科没过。

其实我当时专业课比较靠前，那一年是招十五还是二十人，放文考会放多一倍的人，但是我的专业课是十名以前的，只要文化课过就能上。当时我考完之后，英语单科没过，因为我本来英语就不好，我放弃上高中就是因为英语不好。我当时就找了一个跟我长得很像的人替我考英语，我让朋友帮我在全太钢找，他说长得像怎么就知道他英语好呢？我说是个人就比我英语好，我英语太差了。因为我们那时候上中专也不学英语，几年没学过。前两门课是我去考，到考英语的时候他换上我的衣服进去考，我告诉他第几考场，进去哪个桌子。我们俩剃一样的头，穿一样的衣服。还很危险，进考场的时候他在那排队，后面有一个人过来，推他说，宁浩，喊你半天也不答应。搞得很紧张。结果考完以后，我一打听他考了三十几分，一共一百五十分，他才考了三十几分。我说你这个好像跟我去考也差不太多，我要都填 A，四分之一的概率，好像也差不多这个数。他也感觉很抱歉，可是我也没什么办法，最后我们俩人坐汾河边抽了一盒烟，就告别了。两个长得很像的人在一块抽了一盒烟，这个场面很戏剧化。我也无所谓，反正没考上就没考上。

林旭东 继续在北京呆着？

宁　浩 这个事情给我的打击倒不是很大，我没考上，那是我技不如人，都使了鸡贼招也没上，我认了。但是我考试之前就防着这一手，我考过一个成人高考，我其实最需要的是一个留在北京的借口。当时有一个叫中国文化干部管理学院的地方，我成人高考考的那儿，那儿的专业肯定过，后来文考也过。成人高考也没那么复杂，不是学校组织体检，但是需要来之前拿一个体检单，作为材料之一交上去。我就按他们要求到医院去体检。结果体检的时候医生跟我说，你好像是色弱。我觉得这个事情对我打击比较大。

当年考山西省电影学校，十一月才招生，很混乱，是在没有校长的局面下进行招生考试，不太正规，没有体检那些事，所以我一直不知道自己是色弱。但是这次那个医生跟我说有问题，我觉得这个事情是个大事。其实当时在地方上找个人给你填个单子也没什么问题，可是我觉得如果真的是色弱，我学的又是实用美术，可能这条路就走不下去了，走下去也有瓶颈。我都画了快十年了，然后突然告诉你你画不了画，我觉得这个事情挺荒诞的，上帝跟你开了个玩笑。

当然现在不那么想问题，现在我觉得色弱是具备不一样的色彩角度，柯罗很有可能也是色弱，他的色彩感觉很单一，而且你还可以搞雕塑嘛，但是当时的认识有局限。所以我画的画都是用很强烈的颜色，基本都是直接的、很纯的颜色。但是我考试时色彩分数一般不低，后来我的老师给我总结，说你画画特别爱用很纯的颜色，所以考试很占便宜，一堆卷子里面就会先看到你的卷子，因为你的颜色特别纯，你考的又是工艺美院，你色彩的装饰性很强，就会很对路子，但是你这个路子要考中央美院就没戏了。后来就要做这个决定，到底干不干这事？

后来还有另外一个事，北师大也有成人教育，当时我考了北师大，可是我没把它填第一志愿，我填的第二志愿。我为什么考北师大呢？虽然我现在是搞制作的，但我从小就鄙视制作，觉得制作跟艺术没关系，所以不在我的选择范围之内。但是当时有一个比我低一级的学弟，山西电影学校九三一班学制作的，他上学跟我关系好，叫马克，他要考北师大，他的专业对口，觉得电影学院考不上就考北师大。可是他找不着北师大门在哪，我那天是带着他找学校去了。一开始先找到北师大的老学校，找了半天，人家说周坤办的艺术系成教不在这，在辅仁大学那边。我又带着他找到辅仁大学报名。周坤老师负责收报名志愿，当时在特小一个屋里，觉得完全不像学校的样。马克进去报名的时候，我本来在外面，周坤说你报？我说我送我同学来的，我不报。周老师说你来都来了，报个名。然后马克说，来来来我给你报，他就要给我掏这一百块报名费。我老琢磨着周坤是不是要骗这一百块钱，我也不认识周坤是谁。马克非要替我交钱，我说用不着你掏，我就掏了这钱。我当时反正也是要考，一块来玩儿呗，就那么报了名。报了名也没做这个打算，也没觉得要考这个系。那一年的主题都是考试，我就把它当作一次考场训练，无所谓的状态就去了。所以它等于是在我所有考过的学校当中排在最后一个。最后我也去考了，但是当时我根本不认识那些老师谁是谁，说郑洞天主考，但是我哪知道郑洞天是谁啊？不过我看那个考试很简单，面试的东西就是绘画作品分析。绘画作品分析咱们熟啊，起码你训练了这么长时间，知道某些东西着调还是不着调，考的那几个题还多跟绘画有关系。

考完就完了，后来这个学校我一直也没考虑过，可是当你回去变成那么一个局面的时候，你就要考虑了。当时发现自己是色弱的那个打击比考不上大学的打击大，考不上你明年再考，后年再考，总有希望，但是现在等于断了你的这个念想。我记得后来想了三天，最后决定放弃绘画，那个比较痛苦。

林旭东 后来上了周坤这边？

宁　浩 对。很痛苦地上了北师大，心情非常不愉悦，你舍弃了这么多年很熟的一件事，但是又没办法。所以我上周坤那儿是非常被动的，很不想去。周坤现在还有印象，说你刚来那时候是完全不着调的一个学生，能不上课就不上课，你实际上看不起这个专业。我每天坐在那儿听他们讲那些摄像机原理什么的，都觉得自己特傻，觉得很愚蠢。我只有一堂课上得好，就是周登富老师讲美术，可是画的又太简单了，都画几何体。

林旭东 你那哥们也跟着你一起来了？

宁 浩 没有，他没考上，他第二年又来了，也是从那儿毕业的。等于他没考上，我考上了。这种故事很多，很烂俗，但是事实就是这样，很多人都是陪别人考试考上了。上了那之后发现，周围人提起周坤老师来，提起郑洞天来都带着无比敬仰和崇敬的状态，我才知道他们原来很厉害。在我原先那个语境之内，完全不知道这些人是谁，我只知道美院的那些老师，然后第一年的状态就很糟糕。

林旭东 是怎么样一点点慢慢走出来的？

宁 浩 至少过了一年。还有一个是生存问题，你没有时间老在那哀怨。因为我说我要去上学，我们家人很不同意，你都已经工作了，现在去上一个成人大学，这文凭又不知道算数不算数。家人不同意的话，最直接的影响就是你经济上独立还是不独立，你只能选择独立，经济独立才有尊严，我说不用你管了，我去挣钱，二十多岁上大学还花你们钱就没意思了。我跟我妈说，我以前跟你说过不想上大学，今天要上大学你也没备这钱，那我就自己去弄，但是你也别限制我的自由。其实我们家是有钱的，但是我也不想要，把话说到那份上了，就得自己去解决这个问题。

林旭东 你们家几个孩子？

宁 浩 一个。所以到这之后我考虑怎么挣钱，也没时间考虑那么多美术的事，就是一头扎进去解决自己的生存问题，所以才学摄影、图片这些。其实学摄影，我来北京第一年就已经在干这个事，在读工艺美院考前班的时候就已经靠摄影赚钱。我觉得我在赚钱这方面很快，有过一个阶段很难，但是会快速地掌握那个技巧，然后就可以解决问题。当时做图片摄影，做了一段记者，有一段专门给歌手拍图片。因为你有一点美术基础，构图这些方面不会是太大的障碍，对光、结构这些东西不是太陌生，所以入手比较快。上北师大的时候基本上已经自己挣钱了，而且还挣不少，解决了生存问题，自己还买了设备，为了方便挣钱，买照相机，买摩托车。反正整天到处乱跑，也不好好上学。我记得当时在Channel V帮他们做活动，开始慢慢认识一些歌手，所以给他们拍图片，后来混熟了才去拍MV。一直到第二年的时候，我才觉得我好像能干制作，开始慢慢有点兴趣。有兴趣也是因为第二年大量地拍作业。

林旭东 第二年的时候还没开始拍MV？

宁　浩　第二年下半年差不多开始了。我觉得我拍作业的能力还行，因为我对这个事不陌生，我经常出去给人拍，原理又都是一样的，我现场的招多，他们还在琢磨灯怎么打，我说不用，你把阳光弄过来，拿一个镜子去反过来这个光肯定没问题。其实你在外面干得多了，这些招就多了，而且我不想老实地完成，比如老师布置环移作业，围一个物体转一圈，我就骑着自行车，围着我们的学校晃悠一圈，我说这个算环移吗？老师说你这个也算环移，但时间太长了。我就又绕着学校跑了一圈，然后用抽帧的办法做了一个特别快的环移。我比较喜欢瞎玩儿，就是想怎么不一样。老师们开始注意我，后来周坤老师找我聊了一次，说你的作业拍得挺好，你将来是有可能做故事片的人，所以你应该好好学习。我当时也没想做什么故事片。经历了那么一个阶段，确实开始有一点兴趣了，起码得到一些肯定，原来我好像还挺擅长做这些事。我只是把某些绘画的思维带到作业当中，而绘画的思维实际上是创造性的，你有的时候要创造性地去选择一个表现的办法和角度，那就会得到一些肯定。我觉得那个乐趣是开始能够从绘画里偷能量往这个事上挪。

林旭东　实际上你找到一个过渡，跟你原来的志向有了一定的延续。

宁　浩　对，突然有希望了，这个事情好像有点意思了。

林旭东　原来的希望在这堵住了，但是现在可以通过这种方式绕过来。

宁　浩　对，可以把能量疏导过去。

林旭东　所以你的积累在这也找到一个出口。

宁　浩　所以就开始有兴趣，而且你能够比较直接把你学过音乐的这方面往里用，比如拍MV，跟他们沟通就会很简单，至少你玩过，你听过，你爱听这些东西，沟通起来共同语言很多，所以就比较容易，然后开始顺利起来。

林旭东　你从MV怎么过渡到通过影像的方式讲故事？

宁　浩　我最早得到认可的其实是讲故事，没有大量地拍MV之前，我拍的一个一个都是叙事的东西。我记得毕业作业当时拍《星期四，星期三》，很长的故事，粗剪版就九十分钟，精剪完了还有六十分钟，那已经是一个中片了。我后来逐渐发现拍故事片跟我的性格里面有一些东西相吻合，而这种东西绘画是满足不了的，绘画没有那么强烈的困难，只是不断自己缠斗的一个状态。其实我是比较有兴趣面对外界带来的挑战的，我喜欢通过一个技术性的方法去解决这些问题，而拍故事片这种挑战会越来越多。如果排序的话，我是先喜欢上电影叙事才接触到MV的。

这个时候又有一些别的东西开始发酵了。读山西电影学校的时候开始能接触到一些故事片了，可是你不觉得那个东西跟你未来的生活会发生什么关系。电影学校后来请了一些电影学院的老师过来给隔壁班上课，我们沾光去蹭课听。当时我都没觉得听的东西对我有什么吸引力，可是他们来的时候会带一些电影，所以我很早就看到了一些电影，像《情迷六月花》、《布拉格之恋》、《新桥恋人》、《人鬼情未了》那一类比较不一样的电影，那个时期在别的地方看不到，我当时也不知道这些东西会对我产生什么作用，甚至有些你看不懂，《布拉格之恋》我当时看不懂。那个种子在那个时代种下，你并没有什么感觉，经历了漫长的折腾之后，到现在开始发酵出来，你开始觉得应该做这个事情。

林旭东　你说过你在电影学院上课的时候已经会写剧本了，这样一种写作是在什么时候开始的？

宁　浩　差不多就从那个时候开始，严格地说我第一个中长片就是《星期四，星期三》，从这个片子开始写故事，那个时候应该是上电影学院之前，开始学习怎么写剧本。

林旭东 通过什么方式去学？自己琢磨？

宁　浩 对，自己琢磨，因为那时候没有剧作课。

林旭东 也没有去蹭过这门课？

宁　浩 没有。就是自发地学，看过人家一两个制作剧本。因为班里有同学是电视台的，专门跑去看人家剧本长什么样，看格式是啥样的。那时候都是手写，后来才开始用电脑。

林旭东 但是你的第一部片子《香火》给我最深的印象就是你对剧情的把握，在大量的独立制作里面，好像已经相当老练了。贾樟柯是先写小说过来的，你好像是阴差阳错反而先从影像开始，你没有过那样一种文学青年的阶段？比如写诗、写小说之类的？

宁　浩 完全没有。我最早开始写字就是写剧本，从来没写过别的东西。我妈是学中文的，那时候老嘲笑我，说你还能写出剧本？因为学中文的人都觉得写剧本是很专业的事，我妈的感觉也是你总得先学中文，先写了别的东西才能进入到专业的领域。就像你学专业英文一样，你必须先学会日常英文才能再去学专业英文，她老觉得是那个逻辑，刚开始的时候对我很不以为然，她不太相信我能写，其实我发现写剧本并不特别需要文字力量。

林旭东　可能写戏剧的话需要文字的训练，像《雷雨》，实际上文学性非常强，很多从话剧转到电影的人，可能弄来弄去老是有一种话剧腔，因为写的方法不一样。写电影剧本要另外一套思维，你要首先想着一个活动影像在演绎。

宁　浩　好像我上来没有太大障碍，最早拍《星期四，星期三》的时候写得很快，大概六七天就写完了，两三天就写一个故事，想想不好，再写一个，很快能进入一个情境，俩人进来说什么话，谁跟谁就急了，这种不是太困难。但我的问题就在这，我比较容易掉到一个情节链里。

信仰与现实的冲突：《香火》

电影学院。情结。定位。

林旭东 《香火》是用数字拍的?

宁　浩 拿 DV，最早出来的 150P。

林旭东 像质还可以啊。

宁　浩 对。拍那个电影的时候，我上电影学院了，那时候在读图片摄影专业，不好好上学。反正也来，点到，点完到，我一般都坐最后一排，老师在上面讲课，我在底下写剧本。用电脑写，噼里啪啦，老师一直以为我在打游戏。我就建两个界面，一个是课堂笔记，一个是剧本。老师一下来我就打开课堂笔记，老师走了我再打开剧本。

林旭东　那时候用笔记本电脑比较奢侈。

宁　浩　二零零一年，也不算奢侈。我入学已经二十四岁了，那个时候已经在社会上混了一圈，拍了几年 MV、广告才上的学，所以就有钱，有收入。我上这个学其实是想学学电影，一直抱着考电影学院的想法，可是电影学院导演系老不招生。我也说过考文学系，结果文学系也是隔一年招，我们那年又不招，我又不想等，我说我已经太大了，二十四岁才上大学，要是再晚，就二十五六，先上了再说吧。我是看哪个专业招生我就考哪个专业，录音招我就考录音，管理招我就考管理。其实我觉得那个年纪上学，我的人生观已经形成了，不太会按照一般的方式去考虑问题，说考大学必须得上什么专业。

我有个想进电影学院的情结，总觉得那地儿好像应该跟我有点关系，应该去，要不老觉得这个事没办了的感觉。其实客观地说，我已经走上拍片子的路了，并不是说一定要去，尤其是上图片摄影专业。但我当时心里面那种情结的需求大于实际的需要，所以还是去了。另外我还是有意识地想让自己停下来，因为找我拍歌的人越来越多，MV 这事，我在想到底是不是应该干，我还是不确定自己要干什么，而且隐隐约约觉得自己应该去弄故事片，其实不是那么清楚。但是我又觉得自己是那种没有一个形式的话就没有办法自律的人，我需要一个形式告诉我自己现在要做什么，所以我就选择上电影学院。上电影学院，第一给我的情结一个交代，第二给我自己一个形式：你现在在读书，不要想那么多别的事，逼我自己走这一步。我好像经常在形式上先逼自己走那一步，先自我强迫。

林旭东 你进了电影学院，学的又是图片专业，好像跟你想做的事还是有距离的，除了上课写剧本以外，还做什么？你现在已经干上这行，你觉得电影学院这段经历对你来说，到底是一个什么样的经历？

宁 浩 我觉得还是很必要的一步，这个必要是因为它首先给了我两年时间，让我冷静一下，在刚进入社会的时候，不要那么盲目地一头扎进去。我觉得很多年轻人刚进入社会的时候，由于自己的可控力差，基本上哪儿给饭去哪儿，不是主动地调整自己的方向。我认为所有的事情都是这样，你的第一步要做不明白，后面就做不明白了。我拍电影也经常觉得，你的头十分钟摆不明白，后面的电影可能都有问题。反正我从小好像就这毛病，性格上属于这样。画画也是，如果觉得起稿起得不好就不画了，重来。打麻将，抓一手烂牌就放弃了。一定要有一手好牌，然后和把大的。所以我觉得刚入社会的时候不要太着急。MV 非常好的时候我突然停下来，我先到旁边看一看、想一想，最好是在学校里呆着看着，所以我就在学校里面想了两年，我觉得这两年对坚定我去拍电影和作为一个旁观者去看待自己是很有好处的。因为那时候我分裂成两种人，一种是我在学校的身份，一种是我在社会上面干活的身份，所以我经常来回看，我会从社会的身份看待在学校的状态。上学我就是刻意给自己一个定位的时间，不要太着急，先去定位。我也不确定我能拍电影、能做电影导演，我也不确定我是一个MV导演还是广告导演，我只是说先别着急确定，等两年，这两年我先试着写写剧本。

杀羊。一个摇摆不定的和尚。物质的标准越来越清楚。

林旭东　除了《香火》还写过别的吗？

宁　浩　写过，那两年写过挺多剧本。

林旭东　最后为什么从这个片子开始拍？

宁　浩　首先它是比较完整的东西，写完了。第二也是觉得这个费用是最低的，它能拍。

林旭东　在大同拍的？

宁　浩　对。也是当时最喜欢的一个故事。

林旭东 这故事怎么来的?

宁　浩 我有一哥们是一个和尚。我认识他的时候他就是和尚，但电影不是他演的。在太原认识他，经常不知道在哪儿就碰见他，挺熟的，老跟他玩。他也是到处瞎混，有时候住在学校里面，有时候跟街面上、社会上的人混在一块，但是他的身份是和尚。

林旭东 生活靠什么?

宁　浩 化缘。他是那种挺基层挺生活化的和尚。有一段时间他想修个塔，老往北京跑，没事跟我吃个饭，他跟我讲他想修塔的事，别人捐了多少钱，他弄了多少钱，还差多少钱，修好了别的人又要抢他的这个寺庙，他又怎么做斗争什么的，反正讲了一大堆。我觉得这个人物挺有意思的，就开始琢磨他这个事。因为我脑子里想起来电影里出现的和尚，一般都是会练武的，会翻跟头能上树的，这种比较世俗的和尚其实很少在（影视）作品当中出现。其实我也在思考他的这个问题，他为什么一趟一趟往这跑，而且他还挺大方的，没事买个手机，你要喜欢就给你了，他是属于那样的。但是他又跟物质世界有一个紧密的联系，他有特别世俗的那一面。我就觉得这个人挺有意思，我刻意去了两趟他那个庙，我说去那看看。

林旭东　在什么地方？

宁　浩　就在山西大同，怀仁的村子里面。结果一去那个村子我觉得很有意思，我一开始没注意，整个村子都是杀羊的，全村的人除了种地以外就是杀羊。羊是从内蒙运过来的，内蒙的人不杀，送到这个村来杀。杀一只羊给五毛钱，收拾干净再给五毛钱，也就是一只羊一块，他们全村人的收入都是靠这个，杀完以后把肉皮分开，等于加工。这是有季节性的，还不是常年，每年的几月和几月，他们开工的时候，村里血流成河，你想一天要杀多少只羊。但是他就在这个村里弄一个寺院，他觉得你们杀生，觉得这儿的人有这种心理需求。他总结不出来这些，但是他感觉这是有机会的。

林旭东　他出家的过程你知道吗？

宁　浩　他小时候要过饭，跟朱元璋有点像。后来回晋南，出家了，出家之后又到太原混了一段时间，又回大同。其实在民间，我觉得信仰和很多问题是纠结在生死层面的。你想他那么小，他不是顿悟了某些佛性，他是要活着，他要饭嘛，肯定得先活下去。我就在旁边问他，你到底信不信佛？他有的时候就亦真亦假故弄玄虚地谈上半天，但是我觉得他其实也没懂太多，他的佛教知识在很多方面甚至不如一个普通的看书多一点的信徒，他还停留在心诚则灵的层面上，信则有，不信则无，他谈的佛法都是这种。但是你又不能说他没有信仰，所以我感觉他在信仰和生活层面模糊不清地摇摆。从他这看，我当时的创作初衷和状况还是可以反映出来，他这种和尚跟西方一片社区的牧师是一样的，你是一个神职工作者。但是如果在利益与信仰之间选择的话，他会选择还俗的，过两天他混不下去又会选择当和尚。而那些天天都在杀羊的人，他们又是什么样的？大家其实是一种实用主义的依附关系。这帮人在利用和尚，和尚也在利用他们，相互利用，又不能说完全丧失了精神慰藉的需要，还不是，他还有这个需要，要不然就没这个市场。这个关系我觉得挺有意思的，就从这个角度出发写了一个摇摆不定的和尚。

而且信仰和现实之间永远存在冲突，你说他要修佛像，这是一个信仰，但是他最后的手段是去骗了人家一笔钱。他在现实不断的冲撞之下，在物质化不断的冲撞之下，最后骗了人家一笔钱，用了一种反信仰的手段。他最后背叛自我了，走到了一个很讽刺的情境里面。我觉得很多人都是这样的，每个人从生下来走到现在这个路上，来回碰撞，到最后自己都很矛盾。我曾经跟一个诗人聊天，好像提他是一个诗人对他是特别大的侮辱，他也写了一首诗来骂自己，我觉得这个太拧巴了。我不能说所有人，但是有一些人确实在精神层面，实际上是越走越迷失的状态，有一点标准，不清晰，不知道什么是对的，很尴尬。可是我觉得物质的标准越来越清楚，从早年间改革开放，九十年代深化改革，物质从万元户、十万元户的模糊概念，现在已经具象到每一个人的房、车，成为一个非常具体的玩意了，而且与每个人息息相关，以前有很多人还可以逃脱那个东西的控制，但是今天你要从事与物质无关的职业，根本不可能。就这两三样物质已经把你摁在那了，每一个人头上都顶着房子、车子等等这些很具体的物质。而精神的东西越走越稀少，成了很缥缈的一个状态，它变得摇摆，不清晰，不坚定了，这是我当时想写那个东西的基础。但是到今天，好像还是差不多，甚至更严重了。

韩小磊。天上人间。不想等。八个人的剧组。

林旭东 那个片子拍起来有难度吗？

宁　浩 我记得是零二年的年底，当时剧本写完之后，在学校里面流传。因为我是图片摄影系的，我写完给张献民看，张献民看完当时没置可否，就说这个还行吧，然后就给放下了。后来有一天，突然韩小磊老师找到我，他说我从文学系找到一个本子，是张献民给我看的。他说有点意思，你不想把它拍出来吗？我说那怎么弄啊，他说我帮你找钱，你把它拍出来。当时对于我一个学生来说，这是很好的机会，而且也觉得如果拍的话，我也有一些现场经验，我拍过MV，觉得应该可以试一下，所以我当时决定干这个事。

韩老师约了一个他的学生，是一个投资人，很有钱，叫吴宇。韩老师很神秘，说咱们两个出去见一个大款，这个大款给你投资，咱们这个项目就可以实施。我说好吧，然后我就去了。跟韩老师打车去的，我们来到东三环边上一个叫天上人间的地方，我有生以来第一次进天上人间，这个地方很神奇，“居心叵测”地就进去了，然后坐下来，第一次见到吴宇。吴宇个子不高，四川人，很豪爽。但是当时他选的这个环境我觉得可能不太着调，因为对于我来说，去那个环境心理压力有点大，我总在担心要不要给那个小姐结小费，因为一进门就给你旁边安排了一个，就是生意场上那个架势，搞得我很紧张。稀里糊涂谈完了，听他谈的反正是很喜欢我的剧本怎么怎么样，这事就等于谈成了，我也没说什么，基本上是韩老师在谈，谈完之后，韩老师说喝两杯酒就走吧，小费是吴宇结的，于是我就坦坦荡荡地回来了。当时在现场，在天上人间吴宇就给了我四万块钱的启动资金，从包里掏出来四万块钱，我说好吧，我给你签一个收条。他也挺豪爽，说不用了，你拿去先启动吧。我拿了四万块钱就准备干这活了。那个哥们脑子非常好，我觉得他属于绝对的高智商，而且他看书非常多。武大毕业以后在金融领域发了财，又做地产，个子不高，但是非常能干。他的思路清晰，包括对政策的把握，对市场都有很独到的看法，说话语速特别快。后来韩小磊老师又跟我跑到山西大同，我们坐火车去的，在去的路上我们还一块喝二锅头，坐餐车，韩老师喝高兴了还唱歌。在那看了一圈景，他觉得我选的地方非常靠谱，当时定下来在那儿拍。因为剧本里的那段时间是过年，所以我就希望等学校一放假，趁过年那个气氛我就可以开机了。

后来我在筹备开机的时候，迟迟等不到后续消息，韩小磊老师跟我说要再等一等，钱还不到位。我都看完景已经准备选演员了，突然有一天韩老师说可能有点问题，吴宇打电话说可能这个钱投不了。我说为什么？刚好那一年中央哪个办公室出了一个文件不许拍摄地下电影。当时是有一个具体的惩罚办法出台，专门处理投资商，谁投资最高可以追到五十倍罚款。吴宇就比较紧张，这个属于比较严重的一个处罚了。当时我说可能人家不想投了。韩老师跟我说，你是准备把它拍出来放吗？我说我倒也没想过放。韩老师说，对，那它就是一个学生作业。他说你就是一个学生，我是你的导师，你明年要考我研究生需要拍长片。但是吴宇当时还是比较紧张，怕担上这个投资的罪名，所以压力大。我后来也理解他，我说算了，别催人家了，别跟人家再要钱了。

但是怎么办呢，如果要等，一等又一年，得明年的春节才能拍，才能有那个气氛，才能有那个环境。我不想等，我就是不爱等，什么事我都不爱等，他说明年能好我也不可能等，我说今年就拍。可是没钱，看景那四万块钱已经花完了。我说我家里还有点钱，我自己拿出来拍。当时算了算账，我兜里可能有四五万块钱，应该也差不多。我说拿 DV 拍，应该不会有太高成本。当时就想这么干，然后到中关村问了一下 150P 多少钱。买一台那个机器好像是两万多块钱，我说买一台吧。五万块钱去了两万多，还剩三万多块钱。当时又找了祥子，就是帮我拍 MV 的制片，我说这个账能不能算下来？他觉得有什么拍什么，拍学生作业，纯粹是学生作业。我说那就去干吧，景都看完了，演员没有，当时就找我几个当地的同学，都是当地人。演和尚那个演员是我同学，叫李强。我很了解他，他就是那样一个人。我当时想来想去就觉得他挺合适的，我说就他来吧。他当时在我们当地的一个小学上班，正好也是假期，也没什么事。我记得他下象棋特别好，上中专的时候，他每天不上课下象棋，老师拿他也没办法。我其实要拍的就是当地人的故事。这几个中专同学，我分配一下你演谁，他演谁，还差不多，主要角色都有了。

林旭东　他们是学表演的吗？

宁　浩　不是，就是我们班的，全是画画的。我一算主角都有了，差不多可以了，咱们就去干吧。所以当时等到学校一考完试，我们几个人坐火车去筹备了。精简，没钱嘛，我记得制片主任去找了当地一个小破宾馆，跟人家谈半天，总共两千块钱，从初一到十五给我们住，还管早晚饭。当时剧组一共八个人，干美术的人家还要过年，美术说我赶紧帮你们置完景，置完景我就走了。因为过年，谁愿意不回家过年陪着你干活？所以那时候就因为是一帮学生，才很有热情。记得当时黑子做录音，祥子做制片主任，祥子跟我一直拍 MV 的，黑子现在做制片主任了，做广告制片。摄影是我带着我弟弟宋广，他现在是新浪视频的摄影，但是当时他给我当助理，我去拍。还有一个副导演马龙，现在做演员，前两天看《非诚勿扰 2》里面还有一个他演的角色。美术韩大海，还有一个叫乔良的，乔良是祥子的朋友，也不是这个圈的，这哥们做副制片，打下手。还有一个叫刘庆淼，演宗教科科长，他是从大同去的，边演也边帮着协调当地的事情。还有安扬等等同学来帮忙，就这么个配置。

当时，录音师边举杆边背着包，最后也不敢举了，举个杆围观的人太多。摄像机还好，不大，但是举着杆太奇怪了。所以当时只能偷拍，没有办法组织现场。就是七八个人，在县城的一条老街和一个小村子里面，全靠日光，就开始干活了。最贵的一个道具就是那个塑像，塑一个佛像，还要专门请一个人。

我选做拍摄场地的那个村子叫马义堡，马义村。马义村据说是尉迟恭的老家，他以前是那个村子出来的。那个村子不大，围了很小的一个小城墙。我进那个村子里面选了一个小庙，其实就是大队的一个院子，一个戏台子，我们就在戏台子上面塑了一个佛像。从五台山找了一个传统泥塑的工人，他还急着回家，说要过春节，他要五千，我们砍到三千。塑像弄完之后，就可以拍了。

我记得是大年三十开机的，从初一到十五，故事背景就是那样，开机头一天就给冻坏了，冷到什么程度？开机头一天是拍和尚骑自行车在大路上来回走的镜头。但是机器不工作，刚买的，我说应该不会是坏的啊，后来知道是因为气温太低了，零下二十几度，电子设备都碎了，焦距有点虚，不对焦了。我们就在旁边生一堆火，没事过去烤一烤，烤完拿军大衣裹着，就那么开始工作。第一场戏，就那么个条件，但是不觉得苦，都很有热情，觉得好玩。而且拍摄的过程也不紧张，虽然从初一到十五，大家好像都不是很紧张，晚上回来还打打麻将什么的，还保持电影学院的传统，谁输了脱光衣服到楼底下跑一圈，冬天，穿三角裤衩在马路上裸奔。

跟 MV 划清界限。审丑倾向。

林旭东　里面一部分镜头是你自己拍的？

《香火》剧照

《香火》剧照

宁　浩　基本都是，因为没有摄影师，我当时也没有什么摄影观念，我确定一个机位，有一个小液晶板，看着这个就可以开始。当时摄影不难，很简单，而且我是学图片摄影的，我基本上按照图片摄影的办法去拍。其实拍MV有一个好处，MV你只需要控制摄影的事，因为MV不用说戏，没有戏剧，没有表演，精力不会被分散，你的精力就是盯着摄影，化妆、灯光这些东西你做好没做好，MV的导演就是监督这些事情，监督视觉问题。MV导演基本都是半个摄影师。像当时几个比较有名的MV导演，比如何明圣都是自己摆弄。我们以前拍MV的时候，经常没有摄影师，就自己去，胶片、机器什么的都会弄。也不觉得摄影机很神圣，就把它当个活干，一直都是那么个状态。

我其实在拍《香火》的时候还是很刻意地确定了一下影像风格，我想了很长时间，最后决定不管怎样，反正不能像MV，我一定要跟MV划清界限。我当时本着这个原则让镜头基本都是定下来，然后中全景。甚至有时候有意要难看一点，不要太好看。我以前学画画的时候，不喜欢那种特别唯美的绘画，喜欢那种比较有力的，或者说像将错就错的画派。比较有力的画面，你可以猛一点，但是我不喜欢那种画得很细腻的，巡展派我也不是很喜欢，我觉得俄罗斯巡展派变化太多了，它没有那种粗犷的感觉。我比较喜欢像马蒂斯的，像夏加尔的，不太细腻的那种。

林旭东　拍《香火》的时候比较喜欢哪些片子？

宁　浩　我当时比较喜欢日本电影。

林旭东　哪几个导演？

宁　浩　像北野武、黑泽明的我都喜欢，现在我也没有不喜欢。还有杨德昌的我也很喜欢。我一直到现在喜欢的都是偏亚洲电影。

林旭东　你那个片子的影像风格跟你后来好像不是太一样？

宁　浩　我觉得有某些联系，有的时候摄影师跟我聊天，他说你有一种怪僻，你有审丑倾向。我说不是，有的时候太唯美，我想打破它。太漂亮的，我有时候觉得特别难受。当这个东西像明信片，我就很烦，我不知道为什么一看到摆出像明信片一样的镜头来，我就坐不住，就觉得这个不大对劲。可能也是跟拍太多MV有关，每个镜头都要像明信片，可能有那种逆反心理了，因为每次拍歌的时候都要求画面做得要满足眼睛的要求。可是也不代表说我就讨厌美的东西，不是，只是对美的理解不一样。但是我觉得也存在那个时期的理解，到《绿草地》的时候我的理解又不一样了，开始有别的理解，我开始对平面特别感兴趣。

林旭东 到《疯狂的石头》好像又是一种感觉。

宁　浩 其实到《疯狂的赛车》以前，都有一些比较统一的认识。从《无人区》开始有点转变了，《绿草地》大家看着很漂亮，其实是控制的，有很多特别漂亮的镜头没有用，很多特别像明信片的镜头剪掉了。《绿草地》没办法，那是因为谁去拍都会拍成那样，景就是那么好看。但我还是有时候有意识地破坏一下它的美感，比如说构图有时候比较低，天比较大，形式构成感比较强，我就受不了那个，反正我不喜欢，也不知道为什么，我都要求把地平线摆到中间，我不要那么矫情的一个构图，我要简单一点的。人物怎么拍，我说就到腿，半中景就可以，或者就是全景。我们那个摄影师杜杰跟我的爱好比较相近，他特别热爱欧洲的那种图片、摄影师，他比我还不商业。

我觉得这种意识好像从开始就有，所以到《疯狂的石头》的时候，摄影方面也没有追求帅、漂亮，像长焦镜头什么的从来没做。而那样一定会看起来有点乱，因为看的东西多，它比一般视角快一点，你看的东西有点杂。尤其在这个城市里面，你如果在草原上开一开视角没关系，开多大都是一条线，干净。但是在城市里面，你只要广角一开，然后一摆，尤其在重庆那种城市，一定会觉得很杂。重庆那种城市怎么拍好看呢？其实是长焦。就像香港一样，香港电影为什么那么多长焦镜头，好多都是特长焦，因为它东西太密太多，把它压缩平面化以后反而视觉上比较舒服，好看一点。

我记得在重庆放的时候，当时重庆一个区长还是哪个干部坐在一块看，他说你给我们区拍得好脏啊。其实是因为开阔角的问题，开阔角偏宽一点就会有那个感觉。可是我觉得比较适合那个电影，那个电影稍微有一点点脏是对的，稍微有一点点黑的感觉。我感觉大体的方向，视觉的判断方向，是有那么一条逻辑在里面的，不是说完全无逻辑。到后来从《无人区》开始有一些变化，好像怎样适合更重要。

搭旺火。杜十娘。警服。韩老师去世了。非典。

林旭东 我们再回到《香火》，你拍了多长时间？

宁　浩 一直拍到正月十五结束，因为一直要等到十五那天城里才会搭旺火。山西出煤的地儿都有一个风俗，把巨大的煤炭一块一块堆下来，堆成一个塔，像烟囱一样高，最高的能达到十几层楼高那种巨型的塔，然后点着，烧一晚上，有的时候要烧好几天，忽忽地冒着火。每个十字路口一个，一条街望过去一排，很热闹，所有舞龙舞狮的队伍都是绕着这些东西转，绕完一个绕下一个。

中间拍摄过程还是很轻松，除了几个主要演员，好像都没有怎么给演员讲戏，都是很简单地讲了一个情境，然后按照他的方式就演了。有很多时候是早上起来才找的演员，睡醒了起来才想今天这场戏谁来演，然后跑到街上，那儿有一条街是卖菜的，就在旁边卖菜的街上，看这个卖菜的人挺好，我说你去问问卖菜一天能挣多少钱，他说一天能挣两百。我说能不能让他演一天戏，给他两百块钱。卖菜的同意了，就来了。好多演员都这么来的。有一个唱歌的，小安在里面弹琴，有一个女的在唱歌，唱《杜十娘》，就是卖菜的，问她说你会唱什么歌。她说我会唱《杜十娘》。我说挺好的，那就唱歌跳舞吧。包括演骑蹦蹦车的那个司机，穿羊皮袄的，那个就是我们拦的一个蹦蹦车，我说你来给我们演一段吧。基本上什么人演什么人，也没有什么表演的障碍，演你自己就行了。而且人不是很多，像我们这种剧组，现场五六个人，制片还不在，人家不会觉得你这有多大事，没有形成强大的心理压力。你这要是百十来人往这一支，灯光一打，彻底就找不着北了。

我能想起来的那个时候的拍摄过程都是挺好玩的事。那个小村落和县城离我们这个圈特别远，他不会觉得你们这是什么事，不像在北京拍片子，你在哪儿拍都是一大堆人出来拦着你，不让拍或者又要收费又要怎么样。也有过围观的情况，有一次在大马路上，我们支上机器要拍，我记得只拍了一场戏，后面就堵车了，那么小的机器，举着录音话筒，举着摄像机，后面围了得有上千人在看。我说不能这么干，只能偷拍。到后来外景基本都采取偷拍的办法，弄个车停在边上，在车里拍。大概就这些吧，因为它太轻松了，当时没觉得怎样。

林旭东　回来剪了多长时间？

宁　浩　拍完以后我就回太原了，因为要还借的道具，当时警服是搞不来的，所以警服我是向我姐夫借的，他正好放假，我还得回去赶紧还给我姐夫，人家要上班了。当时跑回去还了，完了我就回电影学院了。可是刚回来我就听说一件事情，韩老师去世了。也就是说我没给他汇报，他就去世了。就是那两天，说是喝酒，喝完以后在家里洗澡，脑血栓。我印象比较深，他太爱喝酒，没事自己揣一个小酒瓶子，老喝。

林旭东　这个片子在拍的时候你还在上学？

宁　浩　对，我还没毕业，还有最后一个学期。我特别想去火葬场给韩老师送行，结果消息听错了，听成是周六，这个消息还是很辗转听到的，我就给导演系打电话确认这个事，那时候也是刚开学，有时候有人接，有时候没人接。结果我去早了，前一天就去了，所有的屋跑一遍也没找着，我就注意看那些条幅哪个写的是韩老师，结果哪个都不是。也没看到一个熟人，我觉得至少应该有学校的一两个学生吧。回来才知道是第二天，就第二天又去了，等于是最后一次见韩老师。我至今都非常怀念他，并且感谢他。

这个事就一下搁那儿了，因为最早是韩老师来找我说你要拍这么一个东西，哪怕是作为学生作业。觉得这好像是一个出口，但是韩老师去世了，我刚拍完，就等于先放下了。当时就是一通乱，追悼会之后马上就是非典，学校里还有感染的，有一个学生感染死了，恐怖气氛就上来了。一回来我们系老师找我说你今年就得毕业，去年还有没及格的，有一堆问题，就把这个片子先停下来了。学生这事还得干，学校的任务得完成，就忙着弄毕业作业，忙着拍图片，还要写毕业论文，忙这些事。但是非典升级了，学校里面有人死了，之后又开始清空学校，不许你们在学校呆着。一开始说先停课回家等通知，等了一个礼拜告诉你们说踏实地等着，能回家赶紧回家，要不然北京城都呆不下去。就变成这么一个局面，全城恐慌，最后说我们的毕业作业怎么办？答复说你们先搞着，择机再说。最后通知说毕业展览不用办了，论文答辩也不用答了，我们连证都是隔着校门给塞出来的。电影学院那时候是那种推拉门。中间几次路过，看见有学生隔着门打羽毛球，一个在里头，一个在外头。我在那里匆匆忙忙、潦潦草草地毕业了，很没有仪式感。

林旭东 我记得开始恢复正常天已经热了，夏天了。

宁　浩　恢复正常是下一学期了。

机房。《悲伤的秋千》。倒场。唐朝乐队。屠洪刚。

林旭东　我也是上课上到一半，突然停了。

宁　浩　我们再没返过校，潦潦草草地毕业了。可是歇下来之后，非典的余波还没过去，最紧张的那一段过了，但有的行业没有复苏，MV 还没有马上有事干，所以我也没有事，闲着就开始剪《香火》，当时跟我女朋友俩人一块剪。在一个机房，当年那个机器不大靠谱，搞一搞就崩溃，搞一搞就歇菜，有一天居然剪完全变成负相了，从头再剪。早期那个 Premiere 软件是很不稳定的，经常剪完就丢了。但还是每天都去，剪完了搁那，搁那以后也没太当回事，电影学院毕业了到底干嘛，那才是重要的事，我就觉得这个事了了，剪完做完就 OK 了，这是我一个上学的凭证，给了一个交代，算是一个学生作业，我也该回到我正常的轨道上去，当时就是这么想的。

尤其在那种集体性劫难之后，韩老师去世，我爷爷也去世了，很多这些事堆在一块，你身边又有这种事情，每天看着电视上死多少人，那种心态之下，其实没有什么具体的理想，好像没有那么大的劲，只是觉得我一直在应付这些噩耗，应付完赶紧做完，当时想着把它做完了结就算了，赶紧让生活正常起来。

正常的一个代表就是我又能去拍MV，又能赚钱了。我请宋柯吃饭，跟宋柯聊，说你给我发活儿啊，宋柯当时及时地出现了，帮我恢复正常生活，拉了我一把。我记得恢复正常的标志性业务是拍金海心的那首歌《悲伤的秋千》，我就又开始拍歌，宋广也毕业了。拍完之后等于又进入到快乐的赚钱生活里了。

林旭东 你以前拍了很多MV。

宁　浩 我边上学边拍，我们班同学都特好奇，老要跟着我一起看现场拍东西是怎么回事，因为我们班就我一个人拍视频，别人都是拍图片的，他们老想跟着我到现场，所以我跟他们关系都很好，有人帮我完成课堂作业，有人帮我喊到，然后跟着我出去干活。我们班长崔斯韦那时候特别罩着我，我至少一学期旷课一个月以上，最长一学期旷两个月课，一个学期一共上四个月课，我能俩月不在，如果没有一帮兄弟罩着，这事不靠谱。每次喊到有不同的人替你喊，要不然就不可能毕业了。那时严重的时候都到了什么程度？那边期末考试，这边接了一首歌，我就早晨五点钟拉队伍出去先拍，我定点，我说这个景在电影学院旁边大学生运动村，就在这儿拍，到电影学院大概十分钟。赶紧先拍着，拍到十点钟的时候，我说倒场，你们倒场过程中我回去考试，考完试之后我再回来他们刚好倒完场，回来我再接着拍。基本上这么边工作边读书，大概是这么一个状态。所以那时候有好多 MV 都是在电影学院周围拍的，有好多是在北影厂搭个景。我这边正在拍的时候，那边运动会还有我的项目，在摄影棚里拍一半，让他们先等会儿，我赶紧从后门回去，问到我了吗？说到你了，扔铅球。我排队等着扔铅球，过来赶紧丢上两个铅球再回去接着拍。这种事很多，也挺好玩的，我还得说服歌手我们的创意一定要在这个周围，这个地方好。当时基本就是那么个状态，很辛苦，但是很快乐。

那时候 MV 多到什么程度？多到我一个月有时候拍四五条，一个月要四五首歌，有的时候一周拍两三首。有的时候撞到一块的话，今天一天拍这个，一直拍到半夜，我就不回去了，在影棚外面车里面睡会儿觉，天一亮就拍下一首，很忙，但是确实很开心。经常拉学校的同学到这里干，像我们制片主任就是从录音系拉出来的，美术是从美术系找的，他们也很高兴有活给他们干，有活就有钱挣，也挺开心的，所以当时在学校人缘还不错，而且还挺有钱的。我上大学已经买房买车了，那个时候房子便宜。

林旭东 那时候你来北京大概三四年？

宁　浩 三年，三年就买房了。就是拍歌开始赚钱，赶上了。

现在 MV 市场纯粹扯了，一个都没有，有也没利润。但那个时候还好，当时十万块钱一首歌，我差不多能挣一两万，年收入有几十万块钱，读书的时候，那就相当可观了。

林旭东　你是什么契机开始拍 MV？

宁　浩　我从小喜欢摇滚乐，认识一些乐手，像唐朝乐队老五（刘义君），还有天堂乐队的雷刚。我们老在一块混，老在一块玩儿，他们经常拍个歌什么的，我那时候在北师大学这个专业，他们说你简单地弄弄就完了，就开始了。

林旭东　你第一个 MV 是什么？

宁　浩　第一个 MV 是给天堂做的。拍了三天，因为第一次干嘛，还是挺认真的，每个分镜头都画得特别明白。拍完以后他们挺满意的，然后就跟圈里别的朋友介绍推荐，有人看完以后觉得还行，孙浩他们就看见了，流行圈的都看见了，孙浩找我拍，我给孙浩在天津拍了一个，特别少钱拍的一个片子，他也觉得很好，又介绍给屠洪刚，屠洪刚又找我拍。前两天屠洪刚开演唱会我们还去了，我一看他还放着我们那时候拍的 MV。我给屠洪刚拍的时候才二十二岁，完全靠热情，我属于干得早，给屠洪刚拍的时候还没上电影学院，北师大刚毕业。过完大学阶段就不一样了，大学我觉得是一个有时间思考，有时间赚钱，还有时间玩儿的地儿。

林旭东　还出来一个作品。

宁　浩　对，一个快乐的大学时光。有时间思考，思考的时间就是老师上课的时间。有时间赚钱，课余时间都在赚钱。

蹭课。符号学。种子埋下了。

林旭东　对大学阶段有什么感受？

宁　浩　学习当然是有的，我是这样一种人，不管是不是在学校，其实我都挺注重学习的。我有一种习惯，看到一个事我会研究一下为什么，这个事原因是什么，我比较喜欢这样想问题。我觉得我还是挺主动学习的，我在这方面并不懒，我在有些方面非常懒，我不会做饭，不会洗衣服，但是我在这个方面有强迫症，只要对这件事情有兴趣，要逼自己弄明白。就像考电影学院一样，你要不去考，好像总有一个什么事拧在那。上学的时候哪个老师课好我就听谁的。

林旭东　我听以前你们电影学院也是图片专业的说，好像经常蹭导演系的课，有时候还被赶走？

宁　浩　导演系谁都赶，只要旁边人去听，就会被轰走，不管是谁来听，都会被请出去。因为我们经常蹭的是进修班的课，进修班的是交钱比较多的学生，你这样对人家不太公平，人家交了那么多钱请老师来讲，你们也不掏钱就来听，以市场化的标准来衡量这事确实有点问题。我去听过几次，但是好像没被轰出来，我一般都是等他们上课一会儿以后再进去。他轰人的情况一般都是在点名以后，该轰的已经轰走了，他轰完了我再进去。蹭过那么十来堂课，也不是特别多。每个系的我都去，除了表演系，表演系的没法蹭，人家现场比划的，而且有一个独立的楼。

林旭东　哪个老师的课给你印象特别深？

宁　浩　王红卫，我觉得王红卫讲语言的课给我印象比较深。还有一个老师，年纪挺大的，讲符号学。他的课程听了一堂，我就觉得，讲的什么东西。然后我就走了，我觉得我不能听这种课，听这种课就不会拍电影了。可是我这两年不那么想了，我现在觉得他讲的是对的，或者有一些东西是对的，只是你不理解，你没有成长到那一块。他讲得有点早，或者说我程度太低。不在一个语境之下，你确实听不懂他在说什么。你会觉得他在忽悠你，但其实不是，只是你当时不具备这种解读的能力而已。

当时纯粹是为了蹭课这种形式去的，倒还不是求知若渴的状态，完全是一种表演勤奋的状态，而且这个勤奋是表演给自己，观众是自己，觉得我要去蹭课，我听说谁谁谁就是蹭课蹭出来的，我听说谁谁谁就是怎么学习，各种故事在激励着我们。我觉得是那么一个状态，几乎有一半的游戏心态和表演心态。但是确实电影学院这两年，不管你是有意识的还是无意识的，你耳濡目染的，周围同学给你创造的这些氛围，还是更进一步地把我推到电影那条路上。我觉得最大的益处在于我坚定要做一个电影导演。以前那个年纪还是有点模糊，二十五岁以前基本上瞎碰瞎撞，但是上完电影学院之后，那个种子就算埋在这儿了，你就想干这事了。再回到你快乐的MV生活，还是老惦记着电影的事，所以后来养成习惯，看到什么事情都想一想能不能变成创作的可能。那个习惯都是从那开始有的。

其实我一直有种感觉，读大学，老师给你的不是技能，不应该到那学技术。因为技术的东西，也许你今天学的明天就淘汰了。最关键是学会一种态度，学会一种学习的方式，思考问题的办法，它能给你种下一个种子，这个大学就已经非常伟大非常值得了。

客观地说，我在电影学院得到的专业知识相对不多，因为我毕竟不是学导演、文学编剧专业的，其实图片摄影系连影片赏析课都没有，它是整个电影学院里面离电影最远的一门学科。我们老师每次来都说，你们也别太自卑，说咱们就是这么一个专业，有这么一个专业就不错了，每次我们老师都是这么安慰我们。每个学期开学都安慰我们一遍：每星期晚上给咱们系两张电影票就不错了，你们不要不满足。但是我们系还真是出了挺多导演。不过说实话，从课程安排上我们确实没有，专业技能这方面，跟导演系还是差很远，我们蹭那两堂课并不解决本质问题，因为你不系统，你并不是从头到尾听完这一学期这门课，你无法建立完整的逻辑线，你只能到这听听，感觉讲得挺好，扭头出去，可能过俩礼拜就忘了。但是氛围会影响你，氛围你会记得住，我只能记得住当时偷偷摸摸溜进去，怕人给轰走的状态，还有老师当时讲的对于电影抱的那个心，那种渴望的状态你会记得住，别的记不住。

相反我接受专业知识比较多的是在北师大。可能每个学生的感受不一样，因为我先在北师大读了两年，又在外面拍了一年，实践了一年，我上学之前至少拍了三四十首歌，还拍过中长片。《星期四，星期三》完整片是七十分钟，在北师大时拍的。我还拍过很多的短片，在电视台的活，都是小故事片，三十分钟一个。其实在技能方面我已经有了一些现场的东西，所以一听这些课，又是现场景物移动什么的就不听了。我觉得我这个不具备电影学院的代表性，因为我属于接受了好几个学校的教育才出来的。

Colorful Days。盛志民。洛迦诺电影节。魏健。“You call me”。《中国式离婚》。

林旭东 当时《香火》整个去参展的过程是怎样的？

宁　浩 学校的事结束了之后，我就奔钱去了，因为当时没地儿奔，就挣点钱去吧。拍了一段 MV 之后，有一个歌手叫朴树，我有一天给他拍一首 MV 叫 *Colorful Days*，我记得当时有一个摄影师叫张曦，他说我听说你拍了一个长片，九十分钟的。我说就是一个 DV，我还不知道算不算电影。他说现在电影节的选片人都来北京了，你不送去看看？我说行啊，看吧，反正扔那也是扔着。张曦给我介绍了盛志民，当时我跟盛志民不熟，盛志民就说要不你到我们这来放一下碟。我说行。然后我就跑去了。盛志民家在小营，有一台大的电视，还是老的那种，特厚。我那片子当时字幕都没贴，看着特别费劲，是一个粗剪版，还很长。选片人还特着急，他要赶飞机，那个当时将近三个小时，里头还说的山西话，所以电影一边放，我一边给他翻译说的是什么意思，我把山西话翻译成普通话给他讲，最后我看他坐卧不宁的，电影放到一半他站起来说来不及了，我得赶飞机走了。他说你能告诉我后面是什么事吗，我就简短几句话给他讲完了，他说行我知道了，然后就走了。

林旭东　碟没带走？

宁　浩　没有。我其实无所谓，看都没看完能有什么希望吗，所以也没太当回事，只是因为朋友推荐，有人要看就看。然后到楼下，盛志民请我吃涮肉，意思是安慰我，但实际上我也没那么难过，因为我本来就没指望过电影这事能怎么样，对我来说能拍了我就捞着了。

结果时间过了很久，大概两三个月，我接着做后期，把这个片子做完了。做完以后突然接到电话，选片人突然给我打电话说，我一直给你写信，你一直不回我。其实我特别不爱用电子邮件，我从来不上网。他说我一直给你写信，你一直不理我，我给你打电话就是想邀请你这个片子去洛迦诺电影节。我说洛迦诺在哪？他说在瑞士，是一个很重要的电影节，希望能邀请你去。我说是吗，都没看完。他说我觉得你这个片子很好，我希望邀请你去。我说好啊。挂了电话，赶紧做吧，可是面临一个问题，英文字幕还没有，这怎么给人看啊。我就想我以前的同学有学英文的，我赶紧给一个叫王莉玲的同学打电话，他跑来帮我翻译，翻译了好多天，把字幕做出来，然后贴上了。到了洛迦诺人家说你的翻译很有意思，我们一般不那么说话。大概是翻译得比较书面，因为咱们国内学的，肯定不够口语化。

林旭东　是电影节那边的回馈？

宁　浩　对。他们说你的翻译很书本，很严肃。但是也很好，我当时觉得能去就行了。人家跟我说包机票，管住宿，我说出国旅游不也挺好的，就是奔着旅游的目的。但是我英文特别差，出国还是觉得有点紧张，这不会交流怎么办啊？我媳妇说你给我打电话，我给你翻译，我说那也行，把全球通打开就成了。当时我跟魏健两个人去的，他是我拍 MV 的搭档，帮我做经纪人，也是我的发小，胖乎乎的。我就跟他去了洛迦诺电影节，第一次出国。我们当时觉得第一次出国，那还不多呆几天。说能呆几天？签证最长能呆十五天。我们就呆上十五天，玩一玩。但是第一次参加电影节，不知道电影节是什么状态，结果我一去，电影节就一个礼拜，人家七天就完事，你呆十五天非常长的，后七天完全没事。

林旭东　在洛迦诺呆了十五天？

宁　浩　对，很小的一个地儿，一个镇子。我们也看电影，洛迦诺的电影院给我的印象很深，露天的电影院，特别像《天堂电影院》的场景，特别像那个广场。第一次去参加影展，还是挺好玩的。我出门换欧元，那时候有限额，只能换两千欧元。我就去银行换两千欧元，咱们这就给两张，一张一千，我拿着这两张去了，哪儿都花不出去，一千欧元很大一笔钱，哪个商店都破不开，这两千欧元我揣了很长时间，都是别人结账，花不了，实在不好意思，最后还是找银行给破开的。我记得最逗的是魏健，魏健英语也特别差，我们俩每天起来就往一楼一坐，吃早点，不要钱。吃完早点魏健就在那呆着喝咖啡，一杯一杯喝。我说你干嘛呢，他说我在看旁边的姑娘，姑娘很漂亮。我说你语言又不通，你想干嘛。魏健在那看，待会儿过去了："Hello"。那个姑娘也说 Hello，不知道他要干嘛，人家在那用计算机正在算账。"You are a beautiful girl. This is a beautiful country."那个姑娘就在乐。他又想了半天："If you going to Beijing，" 然后拿一张名片，"You call me."

他是一个很有趣的人，我有很多人物的原型都在他身上。

当时在洛迦诺，我们两个人闲着没事坐在阳台上，景色很美，底下是湖，远处是阿尔卑斯山。有一天我俩刚洗完澡坐在阳台上，我系了一个浴巾，魏健穿着三角裤衩，裤衩前面还一个大 Mickey，我们俩坐在那晒太阳。他也是脚欠，用脚扒拉门玩儿，扒拉来扒拉去，把那个门锁上了，我俩在阳台上进不去了。我说这怎么办，赶紧喊人吧。问题底下是湖，谁也听不着。正在这时候还下雨了，我看隔壁能翻过去，有个窗户开着，应该能出去。我说我穿着浴巾，你那还有一个裤衩，你去吧。他穿着裤衩就翻过去，他很胖，翻过阳台到对面，敲门，Hello？ Hello？没人，然后进屋，从里面开门，出去到一楼。我就一直在想，他得出去摁电梯，一直下到一楼，

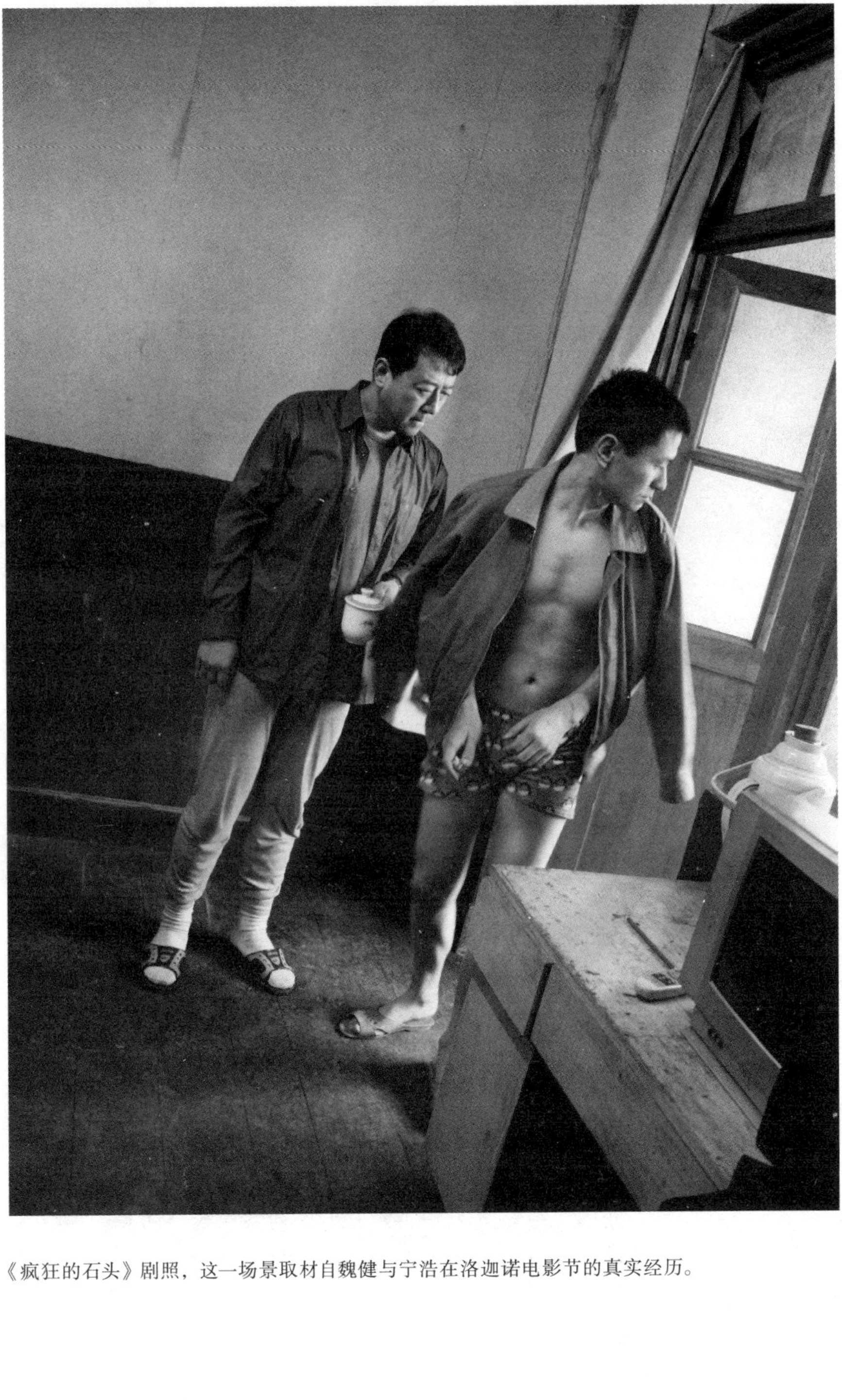

《疯狂的石头》剧照，这一场景取材自魏健与宁浩在洛迦诺电影节的真实经历。

穿过大堂，穿着三角裤衩，上面还有一个 Mickey，到前台要钥匙。一会儿服务员很一本正经地开门，把我从里面放出来，服务员一关门就在外面乐。我觉得太搞笑了。后来就把这一段放在《疯狂的石头》里面，整个搬到里面去了。他是一个很有趣的人，谢小蒙那个人物，也有一些桥段是从他这里来的。

从洛迦诺回来之后，我就去《中国式离婚》的剧组，做执行导演，开始改剧本，改完剧本之后就去拍了，结果拍的时候很不适应。

林旭东　第一次？

宁　浩　第一次。一开始来的时候，沈严说让我做执行导演，我没做过执行导演，也不知道到底要负责什么。沈严是第一次拍电视剧，他也不知道执行导演和导演什么关系，我们俩都是第一次去，没觉得咋回事。可能有的时候我想帮他多管一点，或者说得多一点，有的时候去提要求，会要求得多一点，比如说你这个服装不对，你应该再怎么搞，等于替他把关，搞得比较严格。但这样搞得剧组比较复杂，很多人拍电视剧是觉得我来挣钱的，你那么较劲，而且你一个小孩——我当时应该是二十六岁——什么都没拍过，什么都没干过，就来指手画脚的，确实弄得可能大家看我不顺眼，比较受排挤。可是我又觉得，我跟沈严关系特别好，我就是来帮他忙的，我也不是非得要干你这事，我还是有我自己的事情做的，所以我也不在乎他们那些事，搞得剧组矛盾挺大。但我还是坚持我的，就是应该达到这个要求才能过得了。后来沈严也跟我说你的脾气太倔，你应该放松一点。我说我就是想帮你把这个东西弄好。

我正难受，在剧组里呆着比较别扭的时候，日本东京请我去东京电影节，我就跟沈严说，要不我先走，我去参加电影节，省得给你添乱。等于先避一避，别让人老说我。所以我就去了日本，我也是到那玩去了。结果还拿了奖。总之在那之后我也不太想拍电视剧。

成长之前：《绿草地》

乒乓小子。国际列车。内蒙。边境线。买枪。

林旭东　去香港参加电影节的时候，电视剧做完了吗?

宁　浩　做完了。我去香港之前，电影学院的老师卢斌，还有另外一个王老师，就跟我谈《绿草地》的事，其实是蓝瑞龙找到我，因为卢斌和王老师是蓝瑞龙的老师，当时他们两个人跟我一块谈，说看到你拍的《香火》在东京拿奖了，我们也看过了。我们觉得你拍得还可以，咱们再拍一部农村片吧。因为那年国家鼓励农村电影，农村片可以给五十万，儿童片可以给五十万，这两个加起来一百万，电影频道卖好点六十万，这就一百六十万了，当时是算的这个账，想拍那么个小片子。我说行，看看剧本吧。但我看完剧本之后觉得没意思，这是一个叫“乒乓小子”的剧本，讲温州还是浙江哪儿的一个小孩乒乓球打得特别棒，在村里打得特别好，打进县里，从县里打进市里，最后进了体校，就这么一个过关斩将式的儿童片。我说为什么在那拍？是因为那有一个镇，那个镇上有十几座桥，把那十几座桥拍下来还能再有一笔钱，所以才有这么一个剧本。但是我觉得拍不了，我觉得中国人打乒乓球这事是特别没有悬念的，谁都太明白这个符号了，太陈旧，你只要一起笔，观众就知道是怎么回事。还有就是中国人踢足球的事，也是太没有悬念的事，不可能赢的。当时觉得这个干不了，觉得无趣，所以我就推了。

推了之后我去参加香港电影节，在香港电影节上玩了几天，见到侯孝贤，特高兴，拿了一个奖也很高兴，然后就回来了。回来之后，我记得还是接着拍MV。结果有一天在电影学院对面做后期剪辑，到楼底下吃饭，在一个新疆馆子里面吃拉条子。吃的时候突然看到墙上有一张画，新疆馆子都会挂的那张画，草原，伊犁的采风。看一会儿画，我突然想乒乓球的事，我说对于汉族的小孩来说乒乓球这个符号非常清楚，但是如果放到蒙古族会是很不一样的情况，另外一种文明的系统之下，它的意义跟你所理解的意义会有很多不一样。其实我对蒙古文化很有兴趣，从小就很有兴趣。

林旭东　你以前去过内蒙？

宁　浩　我在很小的时候就去过内蒙，二连浩特。我记得那时候去二连浩特是为了买一双马靴，太原市没卖的，所以就坐火车去二连浩特。当时赶上头一次五一假期，好像有七天。我就跟马克还有两个哥们去二连浩特，四个小孩，还有一个叫秦越的，后来做《爱笑会议室》的表演指导老师。当时我们是一个学校的，都是山西电影学校的，他比我小两届。我当时属于孩子头，说五一放假别回家玩儿了，咱们去一趟边境，到二连浩特，听说那有一个市场，可以买到马靴。当时觉得马靴特酷，看电影西部牛仔穿马靴特别好看，然后我们就去了。我们四个辗转去了大同，在大同倒国际列车，结果国际列车上不去，坐了一段给轰下来了，因为没护照。我们又转车去了集宁，在集宁住了一晚上，我记得特别冷，风很大。第二天从集宁倒车去二连浩特，在二连浩特转了几天，什么都没买，下着大雪，市场还没开，我们去了之后人家跟我们说，是有市场，夏天才开。我们扑了个空，没事干就喝酒，在草原上，在边境线上看，玩儿，然最后拦了一辆卡车，坐在人家后马槽上，顶着雪，唱着歌，回来了。

林旭东　在《绿草地》之前你就有过这么一次内蒙的经历？

宁　浩　对，就有过这么一次内蒙的经历。小时候经常为自己设定一个目的，去买一个什么或者找一个什么东西就去了。我更小

《绿草地》剧照

的时候还去过白沟，听说白沟可以买到枪，我就决定去白沟买把枪。你想那是什么状态，两个小伙子，上中学，怀揣着压岁钱，到白沟准备买手枪，这是一个听起来很荒谬的举动。

林旭东　当时在新疆馆子看到那个图，还没定下来要拍《绿草地》吧？

宁　浩　没定下来，我先去了一趟，一猛子往内蒙扎，我看能开到多远，一直开到边境线才停，大概十几小时就到边境线了，从北京我家出发到边境线上。我才明白，原来以前蒙古人要打到这边是非常容易的一件事情，一点都不费劲。到了这之后，我直接扎到边境线上找牧民，呆了两天，我带着乒乓球给他们那的小孩玩儿，他们真的不认识。他们接受教育是那样，必须要上学，上学以前在牧区生活，牧区信息量非常单一，特别少，他们也有交易，也有市场产品，但是没有乒乓球，不会在牧区打乒乓球，牧区都是生活用品。他要上学以后才有机会接触到。那是一条线，上学前和上学后是一条线，上学以后开始接触到新的东西。他们上学是把所有牧区的孩子集中到旗里面，因为牧区特别分散，多少平方公里没有人，他们不可能把学校建在那，所以都得集中到一个地方，所有孩子从上小学开始都是寄宿的。所以在上学之前，他们的童年期，电视信号什么都没有，跟上学后是完全两个世界。所以我觉得这个时期是可以讲的，我当时觉得那是一个很有意思的阶段。

我觉得游牧这种生产方式，是人类比较早时期的产物，而现在这种生产方式几乎快消失了，全中国都已经脱离童年期，开始进入到一个相对成熟的青少年期了。这是一个儿童片，刚好放到蒙古会是比较合适的表达方式。其实我想表达的是这个，成长之前最纯真的状态和跨越成长界限之前的那种迷茫状态。我就继续找卢斌谈，但他说那个故事已经找人拍了，我说没事，我重启一个东西，跟那个没关系。我重新做了一个剧本，他也同意，另找一笔钱来拍。我就带着编剧又去内蒙采风，四月份写的，写到五月回来筹备，一个多月写完，筹备是七月份下旬，八月份开机。

三十个小孩。撤资。汽油桶上的小点。四个灯笼。迷路。蚊子。

林旭东　当时怎么说资金中间又出现问题？

宁　浩　前面都进行得比较顺利，而且我们想了一套方法。因为孩子不好找，我们到那发现距离空间实在是太大了，大到你从一户到另外一户开车去都得一个多小时，找演员是一个巨大的困难，而我们当时想找本地人来演，汉族小孩穿上那个衣服不像话，还是真实的牧区的孩子才能演出那个劲来。当时唯一的办法就是抢在学校放假之前把孩子挑出来，让已经上学的孩子来演。所以我们就奔那两个旗的小学，一千多名小学生，其实可选择的也只有一年级的，但是时间太紧，来不及确定，当时的办法就是挑出来三十个小孩，集中在一个学校里，我们想观察一段时间，看看这些孩子哪个更适合。这三十个小孩做了一个短期的夏令营，这些都比较顺利。之后挑出来三个主演，其他的可以当作配角。挑出来以后，北京机器设备都定好了，人员也都到位，开始拉到内蒙去。

组织完以后就出事了，卢斌给我打电话突然说好像有点问题。我说什么问题？他说香港的投资方可能决定撤资了。这时候我才知道还有别人的钱。那怎么办？他说一开始计划投资一百五十万拍这部片子，但是现在只投了十万块钱，光是搭景先预支一些钱，那个景也就是蒙古包什么的。我说那怎么办？他当时在电话里跟我说，要不明年再说。我说这哪行啊，还有三天就开机了，剧组人员、服装什么全部都到齐了。我说咱们俩开会吧，你现在从北京出发，我往回走，咱们在锡盟见个面。

我们两头都往回走，到锡盟那个地方碰见了，住在一个小旅馆里面聊这事怎么办。开了两天的会吧，头一天说这事要不要干，争取要干。蓝瑞龙也来，也是争取要干，卢老师犹豫了很长时间，但是他说没钱。我说这样，我们不拍胶片了，原来准备拍胶片的，现在改成数字高清，我们又开始用一天时间算账，看数字的能不能拍下来。结果算完账，大概要四十万到五十万。我说卢老师你还有多少，他说他还有十万，我说我还能拿出十万来，蓝瑞龙说他能拿十万，就凑足四十万，这样的话就够了。我当时就给我媳妇打电话，我说家里还有钱没有，我媳妇说还有十二万，我说你把十万块钱给我吧，留着两万块钱在家里，因为还要还房贷，接着她就给我打过来了。经过两天会议讨论，我们凑足了这四十万，又回去了。

当时回到边境，那个地方我们叫县城，实际就是一个镇，我还得重新安顿人，因为一开始是按一百五十万做的预算，跟人谈的合同，现在突然减了这么多预算，我这就没法给人交代，我得重新跟人谈。结果一重谈，有很多人不干了，他们是来挣钱的，所以有很多人拂袖而去了。剧组就乱了，我赶紧又得处理剧组这些事，谁走谁留，哪些人怎么回事，该走的，已经干了多少的要付钱，赶紧处理这些事。

处理完之后，美术张小兵当时是我哥们，他不是要走，但是他有事，人家之前就跟我说了，已经答应别人了，他也走。他回上海，但是到了上海突然想起来给我打一个电话，他说我忘了跟你说，走那两天太乱，他说你们走之前有一个道具助理被扔在边境的景里，在那看蒙古包，你赶快去接一下。我一想，走了四五天了，把一个人给忘那了。因为我们去支那个景都很远，为了挑得自然，选到特别荒无人烟的地方，开车要很远，一百公里之外的边境。我

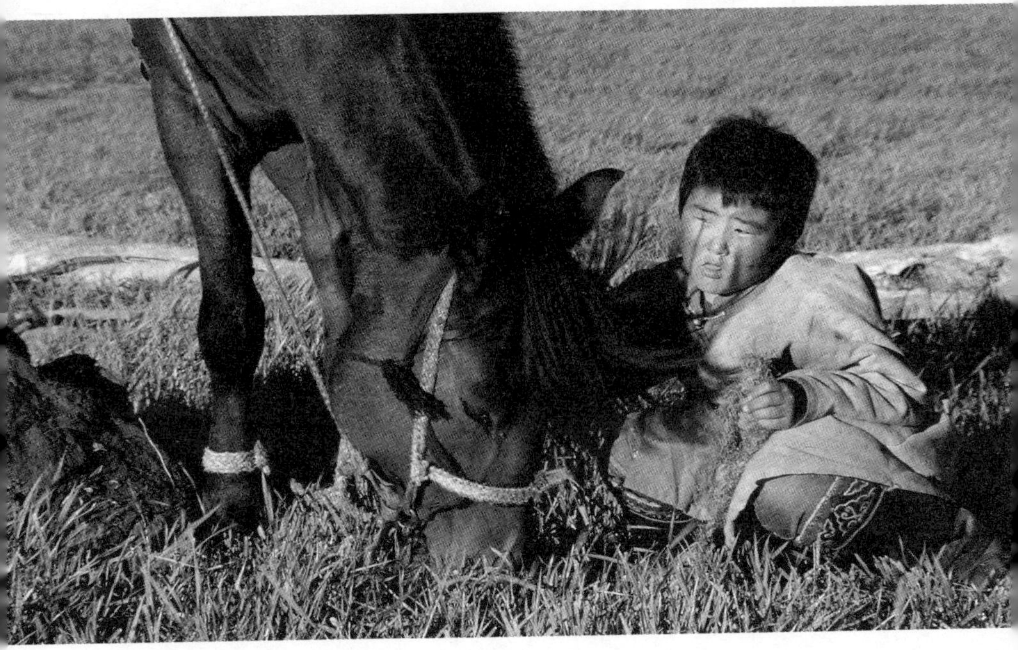

《绿草地》剧照

们赶紧开车去找人，一路开仨小时，终于找到那个蒙古包了，老远就看那个哥们站在蒙古包边的汽油桶上，远远的一个小点。

林旭东 给他留了食物吗？

宁　浩 我都不知道，当时我们都不清楚，搭景这事不归我管。去了一看，哥们眼泪汪汪的，下来也没说话，半天都没讲话。我说你怎么过的，我一看屋里临走之前有人扔一箱方便面，他每天到旁边的河里面打水喝，煮方便面。也没手机，也没信号，跟谁也联系不上。最后那哥们半天说一句，导演我想回北京。我说你回去吧，我太对不起你了。

这时候剧组剩的人就不多了，剩下三十几口人，我说还是拍吧。可是通联问题还是解决不了，到现场那个路不算远，应该不到一百公里，但是因为草原上没有路，完全没有路，只有坑坑洼洼的路面，开车去就得三个小时。你要在草原上开过车就知道，你是没有马快的，马比你快多了，草原上开车特别慢。而且我们就剩四辆车，以前那种车叫红叶，特别差，在那种草原上跑不了几天就坏，还没开机已经坏了好几辆，天天都得修理。

我记得是八月二十二日开机。开机以后，只要拍起来就顺利了，无论如何先拍起来。一拍起来，第一天我们在现场就饿了一天，没吃着饭，送餐的车就来不了。怎么回事也不知道，一直到晚上拍完，开车回去才知道，镇上停电，送餐的车加不上油。我们住的不是旗，旗往下叫苏木，我们住的那个地方叫满都宝力格苏木，苏木相当于一个大队，在咱们这是最基层的一个单位，村子。再往下是嘎查，一户人家就是一个嘎查。这个村有多大？你看西部片里面，一条街两排房，就这么大。有那么三四十户，一个加油站。因为加油站在那儿是必不可少的，可是那儿经常停电，一停电什么都做不了。所以停电之后，他们也通知不了我们，我们也没法跟他们取得联系，他加不上油，我们吃不上饭，也喝不上水，都在旁边的河沟子里喝。

在草原上确实条件比较艰苦，就为了能拍起来。但是头一天发生这个情况之后，我觉得这个不太靠谱，距离太远了，而且每天连去带回五六个小时，到现场干不了多长时间的活，因为我们全靠日光。我当时提议住在景地周围，这样才行。但是那时候也是生，不懂得草原的厉害。蒙古人无所谓，人家牧区长大的，我说蒙古人住得了咱们就住得了，住蒙古包呗。我跟制片主任说去订四个蒙古包，咱们都睡大通铺，然后算了一下人数，一个蒙古包八个人，四八三十二，全剧组的人都住进来了。然后就去买蒙古包了，买蒙古包要将近一千公里。

在内蒙找根竿子都得跑好远。为了解决信号问题，有一种所谓的卫星电话，实际上是无线的大功率电话，但是必须得立一根十

《绿草地》剧照

几米高的竿子，我要找一根十几米高的竿子费了牛劲，草原上又不长树。最后我们只有拆人家房子回来，钉十五米高的竿子，立一根天线在景地上，拿那个想办法跟外界取得联系。但那也不行，它的信号不稳定，你得挪着天线走，不断找着信号才可以。所以每天十好几口人举着那个竿子在那转圈，然后拎着电话说，别动了，现在有。这才能跟北京取得联系。

蒙古包弄回来，第二天接着拍，拍完之后，本来想晚上就能住草原上了，结果拍到傍晚天黑了，说基地已经收拾好了，我一看，四个灯笼，透亮的。我说这是蒙古包吗？真的蒙古包是羊毡的，那个特贵，咱们这个便宜，帆布的，里面打着灯透着亮，四个灯笼在草原上，还挺好看的。我说这行吗。他们说应该也行，现在八月份了，没事。我说那就睡吧。但是晚上一睡觉太厉害了，冻得你受不了，盖两床被子都不行。草地是湿的，返潮，根本没招，太冷了。半夜摄影师杜杰给冻醒了，说不行，受不了。然后出去了，出去干嘛？捡牛粪去，捡完牛粪找一个铁皮桶子放里面，倒上柴油，点着了，挂在蒙古包门口，一会儿暖和了，我说你这招挺好，睡吧。睡一半，也不知道怎么的，一睁眼，发现忽忽冒火。因为蒙古包有一个圆口拔风，那个桶就忽忽着了，蒙古包顶已经烧着了。我一脚给杜杰踹起来，快起来，所有人都起来，救火。蒙古包里堆了好多设备，杜杰一睁眼，第一个反应就是跳起来抓桶，烫满手泡。他们赶紧拿旁边的灯杆挑起来扔在外面，出去撒尿给浇灭了。

以前没在草原上呆过，不知道那个厉害，天天出丢人丢车的事。一开始杜杰还说，在营地挖了一个厕所，特高兴，旁边拿帆布围了一下，就是厕所，以后大家都在这上厕所，因为还是有女同志嘛，有男有女。结果第二天早上，这个厕所不知道去哪了，帆布刮没了，风太大。这是第一天。

当天晚上还出另外一个事，我们说回去拿一下带子，开车走，我跟杜杰俩人。打开车门上车，走出我们那个营地，也就五六十米，最多一百米，就没方向了，没这个意识，当时营地没有人，也没挂盏灯，在草原上完全看不着方向。我们就开车走，走了一百多米找不到方向，胆还挺大的，说接着找。又开十分钟，完全不知道方向在哪。最后说别瞎开了，现在掉头回去，回来也找不着了。说看车压过的草印，根本看不出来。而且没有方向，草地上都是坑，车轮一掉进去自己就摆方向，摆得你不知道去哪。我说你别瞎开了，旁边有一个沼泽地，再开掉沟里去。我当时有一块表，瑞士天梭表，那个表上有指南针，我说我记得在西南的方向有一条路，只要能找到那条路就能摸着回去。可是又不敢乱开，害怕掉到沼泽地里去。那是真沼泽地，飘着很多芦苇你根本看不见。我们只能下车，杜杰拿着手电往远处走，走到远处之后，说这安全，没问题，他打手电，我就顺他的方向往那开，他趟着路，我们就往前走。杜杰一直走，走了俩小时才找到一条路，找到路之后说这差不多。杜杰再上车，脑袋咬得跟猪头一样，那儿的蚊子太厉害了。

在草原上紧接着又发现的另外一个问题：蚊子太多。多到什么程度？举个例子，一开门，马上回来了。说怎么了？让蚊子给推回来了。太多了，你在空中随便抓，一把五六只。说着话，嘴里鼻子里全是蚊子。蚊子往上扑，根本不怕你打，它就没见过人。像我们那个车，汽车开门、关门，里面已经都是蚊子了。隔一段时间我得把车顶上灯的盖子拆下来，往外倒一倒，蚊子趋光，它全往灯里面钻，钻到里面就死了，经常像倒烟灰缸似的，得卸下来倒掉再装。我们每天早上起来出去上厕所，都得先脱了裤子喷灭害灵。

林旭东　那当地人呢？

宁　浩　当地人是一年四季穿着衣服的，都很厚，蒙古人放羊还穿袍子，就跟咱们的古装一样，放羊骑马都穿那个。

林旭东　现在还普遍吗？

宁　浩　很普遍，骑马出去，在牧区都穿那个。那个就跟工作服一样，女的上厕所也都是蹲下来拿袍子一挡。

林旭东　我没去过蒙古，有去过蒙古的，好像说他们平常不

《绿草地》剧照

穿这种衣服。

宁　浩　穿，我印象中到牧区的地方还是穿。那个东西不光有一个装饰作用，还有实用价值，经常脱下来往地上一铺，就可以在上面睡觉。他们老穿那个，包括特别热的时候，我们八月底拍这戏，他们还穿这个东西。但是也有穿咱们这儿那种旧衣服，老式的，夹克什么的。我印象中他们不太穿短袖，比较少见。可能我记不太清楚了，反正对于当地人蚊子这个事不是问题。但是他们放羊穿不穿民族服装？是穿的。现在的情况基本上变成了他们会有一个固定的房子，还会有一个蒙古包，他们叫冬牧场跟夏牧场，两个牧场来回倒，过一半的游牧生活。到水草丰美的时候他们支上蒙古包跟着牛羊走，但是到了冬天他们回到固定的房子里，要比外面舒服，大多数是这样的。我听说这样的也快没了，好像要把他们固定起来，不让乱走了。

林旭东　那就不是游牧了？

宁　浩　对，游牧应该快没了，现在我不知道，也许已经没了。我当时去看草原上都在搭铁丝网。我说你在做什么？他说搭铁丝网以后包产到户了，这一万亩是你们家的，这一万亩是他们家的，不许来回乱走了。还有一些公共草场，但是后来慢慢地公共草场可能也没了。

《绿草地》剧照

蚊子很多这是一个问题，后来我们买了很多军装、户外的衣服，开始觉得不能穿短袖，都得穿长袖。中午很热，夜里很冷，温差很大。我们回来是九月份，去的时候四月份还在下雪，九月份又下雪了。

翻车了。“导演我想回家”。达瓦。

林旭东 你们一共拍了多长时间？

宁　浩 我是从四月份开始去采风的，九月份回来，草原上冬天是很残酷的。我冬天采风的时候开着车去过，完全没有方向，也很点儿背，我们开一个车，因为一下雪就把路盖上了，你看不出路面，周围也没有参照物，所有东西都一样，你没有路，只能瞎开，很容易迷路。当时要翻山梁子，我们开那个车好半天，踩油门爬不上去，爬一半那个车转着圈就滑下来了，最后我是挂倒挡倒上去，把车倒到山顶上，到山顶之后往下走，翻过去老远看见有一棵小树，荒秃秃的草原上就一棵树，我说不会撞到那棵树上吧？还说着，那车奔着那树就去了，根本控制不了方向，还是撞上了。就这么邪，总出事。

林旭东 你从四月份采景到拍完结束一直在那？

宁　浩　中间回来过几次，不能说一直在那。中间回来一下又去，又回来又去，大概五月份开始到九月份一直盯在那。

林旭东　剧本是在那写的？

宁　浩　去那写了一遍，在北京改了改，回去又接着写，边弄边写。开机第二天的时候，我们剧组里面有老人和小孩，七十多岁的老太太，他们受不了，他们觉得你这不是蒙古包，你们这就是一个帐篷，太冷了，他们得回去住苏木的房子。我说那好吧，可是我建议主创人员别回，主创人员每天干活太累，都是年轻人嘛，我说就在这睡，老人、小孩送回去，让他们每天跑。因为主创人员每天还要布景，演员晚到一会儿没事。当时就是这种想法，结果头一天他们回去，本来约好第二天早上八点钟来，没来，等到九点还没来，等到快十点了，我说可能出问题了。车老来不了，但是没有电话，什么也没有，你也不知道出了什么事。我说得跟他们联系到底怎么回事。要打电话就得开车到旁边的山顶上，山顶上有一个地方有信号，开到山梁子上拿手机给他们打电话，打了半天，最后接通了，说你们快回来，出事了。我说出什么事？出事故了，翻车了。我说在哪？他们说在离那大概不到两百公里，有一个医院，是矿上的一个医院。我们就赶紧开车过去了。结果路上有一个沟，那个沟大概两三层楼深，我路过的时候看到我们那辆金杯车头冲下栽在沟里了。我当时就很害怕，觉得可能会出问题。因为我看方向盘已经顶到后座上，把座位都顶塌了，整个车头都陷进去了。

那是一个特别小的医院，就那么两间房子，一个大夫，一个护士，不是医院，就是那种保健站。院子里躺了一地人，我问有没有谁出事，说还好，没人出大事，但是开车的那人牙碰掉了，都撞碎了。我说哪个人开车？我以为是司机，后来说不是司机。我说不是司机谁开的车？他说是你的导演助理。我一下想起来了，那女孩叫什么我都忘了，是当时蓝瑞龙朋友的一个什么人，说非要跟着我们拍戏，要做导演助理。因为我觉得老蓝是兄弟，我说你就让她跟着吧，也是电影学院的。但是那女孩去头一两天我就觉得有点问题。所以我后来有点经验，一旦感觉这个人不太对劲，我就不会让他在剧组里呆着。当时我们去选景，到人家蒙古包去看，到人家家里看演员，她一进门就说这是人住的地儿嘛，这脏的。我说你这属于不会说话，逻辑上缺点什么，大大咧咧的，抽着烟，就那个劲。但是我当时心软，就没让她走，给人轰回去了多不合适。结果那天她手欠，刚拿到驾照，她说这草原上又没车，开开这车肯定没问题，她就想开这车。草原上确实没车，可是她开太快了，山梁子一拐弯那就是一个沟，她一下打不过来，那个沟旁边还有一个水泥墩子，她把水泥墩子全部撞开了。全车人好多都昏过去了，被边防军队巡逻的车看见，才把人救出来。我们还专门派人去送锦旗，要感谢人家，人家不接待，说你把东西搁下走吧。

一车都是小孩，后来好多小孩在那输液。伤着一个演员，演达瓦的那个小孩，髋骨这块可能骨裂了。那天我生日，记得很清楚，我一人坐在太阳底下想该怎么办，这时候我一个哥们，也是我的副导演，过来跟我说这个戏拍不了。这种情况，这种条件下，是不可能拍这个戏的。当时制片主任也说拍不下去了。我坐那抽烟，情绪打击很大。

林旭东 当时已经拍了多少？

宁　浩 拍了三四天，但是很多人过来说拍不了，这个地儿不是人呆的地儿，通联也不行，交通也不行，什么也没有，也得不到支持，咱们还是撤吧。我就说这个时候先别乱，先别到我这来说解不解散这件事，先处理问题。我说现在先派人把这个孩子赶紧送回旗里，到大医院做检查，然后赶紧通知家长。他们家是西乌珠穆沁的，还有几百公里，赶紧找人家家长，然后把人送到家长手里，人家要什么给什么，在赔得起的范围之内我们都赔。我就安排这事不理他们，安排完之后，我其实没想清楚该怎么办，脑子有点乱。现场处理完之后，有人过来跟我谈，说导演我想回家，我不想在这干了。我说好吧，你先走吧。然后他走了。当时收拾东西就走了。他一走，别人也来了，就说导演我有糖尿病，实在受不了，在这我怕要命。我说好吧，我都理解，要想走就都走，别琢磨，谁想现在回去都可以。当天一直到晚上，一会儿过来一个人跟我说一下，一会儿过来人跟我说一下，陆陆续续走了有十四五个人。我接着在那处理，我说先处理事，现在不想拍不拍。

林旭东　当时剧组已经扎到草原上了？

宁　浩　已经扎到草原上，出了这个事就返回苏木了。晚上在房间坐着，杜杰来找我，我说你也想走啊。他说跟你聊聊这事，他说我觉得没问题，还能拍，只要机器在，演员在，你去看看演员有没有问题，演员要是没问题，咱们这戏就能拍完。他说完这句话，我们成了这辈子共患难的兄弟。我说行，你只要不走，这个就还好办。因为美术啊、布景什么的已经弄完了，但是演员没提出走，因为演员是本地人，好像也无所谓走不走。

林旭东　演员伤得不是很厉害？

宁　浩　不是很厉害，骨折的就两个人，其他的就是缝针，都是皮外伤。后来我就去找演员挨个谈，问演员什么想法。演员的想法好像无所谓。蒙古人很坚强，他们对于这种皮外伤，还有这种事故好像不觉得是个事，不觉得这是个问题。我说那孩子怎么办？达瓦是回不来了，是不是换个小孩？前面都拍了的，重拍。

还不知道人家家里的态度，能不能拍还得看人家要多少钱，我们得承担得起，没准全赔了，那确实干不了了。正说着，当天晚上送达瓦的回来了，还很高兴，我说你怎么了，他说送回来了，他爸跟他妈也跟着一块回来了。我说怎么说的？结果人家进门就说没事，小孩磕磕碰碰是正常的，说我们就一个要求，让我儿子接着演。我说我都不落忍，小孩骨折了，我说你得在医院养着，伤筋动骨一百天。没事，我们从小骑马摔断骨头多了，你就让他演吧，他平时在旗里躺着，有戏就让他演。所以后来达瓦演的所有戏都是在骑马，就没下来，他一直坐着说话。他父亲坚持让他儿子演，达瓦也特别想演，他特别害怕因为他摔伤了就不让他演，跳下来还走路，说没事，我能走。我说你别走了，你躺着。我说你要那么想演，可以，平时没事你养着。医生也说了，骨裂打不了石膏，躺着养着就行了。这是个利好消息，有了这个消息我就踏实了，还能接着干。从此我看清了蒙古这个民族的性格，令人钦佩。后来又走了一批人，反正坚持到最后从那回来的时候就十一个人。

重新分配工作。额仁戈壁。一千五百块的吉普车。

林旭东　整个剧组就十一个人？

《绿草地》剧照

宁　浩　十一个人，最后我们吃杀青饭就一桌，连司机，大家坐一桌就吃了。最早的时候剧组六十多人，还挺标准的剧组，各部门建制很齐全。到最后一看剩十来个人了，我说重新分配工作，不想走的留下，想走的都走，最后不想走的一数十几个人，后来又走了几个。我说现在重新分配工作，帮我去送孩子的那个是司机耿浩，跟我去拍戏的，我说你现在开始做制片主任，不能光是司机了。所以说人的能力，有时候是无限大的，是被逼迫还有特定条件下发挥出来的。另外一个司机做生活制片，一个演员做现场制片和协调，制片组跑光了嘛。让一个道具师做美术师，让道具助理做道具。那帮孩子有老师，带队的老师叫斯琴高娃，斯琴老师做副导演，等于重新又安排了一下。录音组的人没走。车也回去了好多，反正到最后的时候，杜杰又从家把他的那辆车开过来，他有一个2020吉普车，算上杜杰那辆车我们一共有四辆车。可是因为摔了一辆车，那个车主把车拖走，我就剩下三辆很破的该报废的车了。我们剧组最好的车就是杜杰的吉普车，那个车在草原上非常管用，我对那个车感情很深。他那辆车每天要备上一个绳子，每辆车都有绳子，随时准备拉别的车。我们经常发生那种事，有时候开车回来突然觉得丢了一辆车，那辆车在后面可能掉队了，掉在草原上，有时候挂在铁丝网上开不动了，我们不知道，那人在那等一宿，然后再把他弄出来，这种事很多。

但是，我发现人走了以后，阻力少了很多，剧组反而顺利起来。可是自然条件还是比较差，到那个阶段我们已经习惯了喝那儿的水，每天出门我们就会自己带足干粮，中午吃一顿，啃点面包什么的接着拍。

我记得有一天说是去拍寺庙那场戏，需要倒场，但是倒场过去，大概有二十公里左右，这二十公里有两匹马倒不过去，说骑过去吧，人手那么少，没有人骑，只有我没事，摄影师没事，我说咱俩把马骑过去。我跟杜杰两个人骑马，骑过去以后，我们在那拍了一场戏，拍完杜杰一摸兜说，坏了。我说，怎么了？他说刚才骑马的时候把车钥匙颠丢了。我说那怎么办啊。他说我得回去找。我说那你哪找得着，骑了这么老远路。他说我有印象，中间的时候还在，到后面没了，应该在后面。他特轴，非得找到宝贝车钥匙。我说你先找着，我接着拍，到旁边山顶上又拍一场戏。我这场都拍完了，老远看见杜杰还在找钥匙。

林旭东　那场戏实际上是你自己掌机？

宁　浩　对，特殊情况我就自己掌机。然后我下去了，他还在找，我说别找了，他说必须得找着。我捡了一块石头老远扔过去，我说现在过去把这个石头能找着你就能找到你的钥匙。在草里面你哪找得着啊。他过去找一圈，没找着石头。我说你看着扔都找不着,别找了。那怎么办?我说回去把车锁撬了。可是撬车锁也没人,又开车跑两百公里,从旗里拉一个人来,那人是修车的,他说这我也干不了,得找锁匠,然后又去找开锁的。我说别再折腾了,都后半夜了。就把这车锁给撬了,撬掉之后变成一个局面,这车得推着。我们每天早上起来,大家集体做运动,先把他这车推着,再用他的车拉别的车,每天就是这样,然后再去拍。可是他这个车有一个问题,熄不了火,因为没有钥匙了,只能停车下来揭开前盖,把电瓶线揪下来才能熄火,所以每天要熄火的时候就是揪电瓶线。

有一天拍一个小孩在沙漠里面一个人推着摩托车走的一场戏,那场戏我需要找到戈壁——其实原来在沙漠里挺多戏,在剧本阶段删掉了——需要一个大的戈壁滩,他们说旁边有一个额仁戈壁,那儿有很大一片沙漠,我们就去了。因为要看完景再拍,我说别全剧组跑,我们自己去就完了,他们的车也不行。我跟杜杰俩人开着车找,找到那个额仁戈壁。我开到最里面找机位,觉得那儿不错。在一个大沙包那儿开着开着车一下熄火了。一熄火我们俩就傻了,杜杰说你下去试试能不能推动。我说别扯了,就我一个人,在沙子地里推车,绝对推不动,我们俩下去试了试绝对不可能,车在沙漠里面纹丝不动。我说赶紧坐车上,一会儿太阳就晒秃了。这怎么办,手机没信号,我说要不然走出去,走出去也比较害怕,因为确实开得太往里了。即便走出这片沙漠,路上没有车的话也回不到营地，都开出来几百公里了。我后来去新疆，在罗布泊拍的《无人区》，但是我觉得真正的无人区是牧区，新疆的人口密度比那儿大，罗布泊见车的概率比那儿高多了，在内蒙半天你见不着一辆车。

我们俩就在那想，美国电影和香港电影里面偷车都是拽两根线车就打着了，说这是什么原理，我们俩在那琢磨。这原理应该直接形成短路，直接形成短路就打火，钥匙的原理就是拧过来直接短路打火，车着了就可以松开了。我们把电瓶线搭上去，直接对过来就应该打火了。想了半天觉得对，那我们就试试看。当时正好在车后面扔了一把刀，我以前在新疆买的一把刀。拿这个刀做连接的导体，那个刀不长，我说只要把电瓶的正极负极一对上，这车应该就能着。我们就把里面的钥匙线揪出来，只要接上这根线就行了，可是他的电瓶太旧了，旧得分不清正负极，我们俩研究半天哪个是正极和负极。最后杜杰说应该是斜对角的，可是在我们来说，万一要是错了呢？如果正极接正极电瓶就报废了，报废了咱俩就彻底歇这了。就跟赌博一样，我们俩说就这么着吧，试一下。我得上去给他踩油门，他在那喊一二三，他一打，我一踩油，轰，车着了，我们很开心。后来跟杜杰还聊，他是一个很冷静的人，经常不苟言笑，但是他还说确实是有劫后余生的感觉。车着了以后，我们就往回开，特高兴，唱着歌往回开。

后来接着拍这个戏，一直拍到夜里。从沙漠边一直往外拍，拍到公路边的时候，我说行了，今天收工，咱们回去。一说收工，所有人上车，着急忙慌都跑了。我们在那又商量明天怎么拍，说完准备上车，一上车发现有问题了。我们在鼓捣电瓶的时候把线揪下来了，那个线自己耷拉下来搭到电瓶上，电就放光了，这回变成彻底着不了，推也推不了，这车没电了。我说那怎么办？但这时候多一个人，剩下的是我、杜杰跟耿浩，我们还有一个办法，我们在景地扔着一辆车，这辆车是我们电影里的道具车，拿牛拖着的那辆吉普车。那个道具车是我们花一千五百块钱买的，非常非常烂，玻璃什么都没有。那个车必须得推着。那没办法，就先把这个车推着吧，咱们得能回去啊。因为离公路还不算远，我们就把它推到公路边上，到路面上，推起来。推着以后，我们说回去吧，杜杰还不干，说不行，得把我的车拖回去，那车不能扔这。我说这草原上也没人，又没电，别人也弄不走。他说不行，得弄回去，还得修电瓶啥的。我说好吧，拖回去，车上反正也都带着绳子。他就坐在后面驾驶室，一开始我跟他坐在他这个车的驾驶室，结果开了一会儿，我觉得有点不落忍，耿浩开前面那个吉普车，那个车太破了，挡风玻璃什么都没有。我说太可怜了，我陪着他去。我就下来去坐在前面陪着耿浩一块，我说要冷也咱俩一块冷。

我们俩就在那走，走了一个多小时快俩小时，快到我们住的地方的时候，我手机响了，进入信号范围了。我一看手机是杜杰给我打的，回头看了看，他那个车也没灯，草原上伸手不见五指，什么都看不见。我说你给我打电话干嘛，我以为到了有信号的地方他要试信号。杜杰说，你们也不看看有没有车，你们就开走了。他说，我现在爬到旁边一个山顶上给你们打电话。然后我们才下来看，后面真的没车。但是看不见，因为外面风又大，发动机也响，完全听不着，他在后面使劲喊了，我们也听不见。我俩就觉得特可笑，我们把他一个人扔那了，他还爬到山顶上给我们打电话。

我说咱们掉头往回走吧，结果那个车掉头太费劲了，就这么宽一条路，边境路大概错两辆车的，勉强能横过来，然后再掉过来。那个路都是拿铲土机修起来的，底下是个沟，把路基垫高了。路很高，旁边是沟，沟也挺深，有两米左右。我们这一千五百块钱的车没有刹车，他在这边开，我还得捡块石头到前面挡一下，他往后倒，我再挡一下，我拿石头来回跑，才能把这个车掉过头来，掉过头来我们开始往回开，去接杜杰。

我们一路上特高兴，说这个傻子让我们给扔路上了。开了很长时间我突然想一个问题，我说是什么时候把他给丢下的呢？我想起来了，回去的路上一个地方有一个大坡，到了上坡重力加大，绳子可能是在那个点断的，所以把他扔在那了。耿浩说不就前面的坡吗？我一下反应过来了，是这个坡，但是如果我这一翻过去，我没刹车，他就在坡底下，我在坡上面，我们这就撞上了。我脑子一下反应到这儿，他是不是在下面？我们反应过来的时候这个车已经翻过这个坡往下走，当时一身鸡皮疙瘩，因为我害怕杜杰站在车前面，我就扯着脖子喊杜杰，我听到远处杜杰在答应。我说："闪开！没刹车！"人到那个时候什么反应都扯淡，我当时的第一反应是从车上跳下来，因为我这个车速度不快，没门，所以我从这个车上直接跳下来，跳下来我想拖住这辆车，事后觉得自己这个行为完全不合逻辑。耿浩说你别拖，拖不住。那个车当时下坡越来越快，我的脚跟不上了，他说你快撒手。我就赶紧撒手，坐在路边上，我在路边上喊，我说："杜杰，你闪开！"杜杰说："啊？"他听不着。我又往下追，我追的过程中，万幸没听到响。

我跑过来一看，这个车停住了，车速是不快，但是也不是很慢，我就怕挤住人。停住是怎么回事呢？耿浩比较聪明，他把那个挡位器从高挡扳下来了，然后拿脚踩进一挡，从五档踹进一挡，用发动机制动把车给憋停了。也不是很近，但也不是很远，大概不到十米左右停下来的。停下来之后，杜杰从车那跑过来看，跟我们说他还以为是一个摩托车——我们那车就一个灯亮。我们坐在路边上，我说抽根烟吧，一身冷汗。抽完烟，重新臊眉搭眼把那车推着，仨人继续捆上那车把它拖回去了。

林旭东　像《无人区》里的故事。

宁　浩　很荒谬的。《无人区》就是我在这拍完这个戏以后想写的一个故事。我想说的是人这种社会化的动物脱离了那种环境，你是很绝望的，我们回去的路上一句话都没说，很崩溃。现在讲着跟笑话一样，当时的心态觉得太无助了，太危险了。

非职业演员。超支十万。一个镜头都没浪费。一场噩梦。

林旭东　这个片子主要演员都是小孩，我当时看完到现在为止的一个印象就是这些孩子的表演，尽管以前你用过非职业演员，但那些不一样，都是你哥们什么的，比较熟悉。你跟这些演员在拍摄当中是怎么沟通的？

宁　浩　与小孩的沟通比和大人反而更简单，因为你跟大人沟通的时候会顾及很多别的问题，面子啊、理解力啊、尊重等等，问题特别多。其实孩子很单纯的，孩子接收信息非常直接，就像好莱坞评最佳男女主人公，他不会把孩子放在里面在同一平台上比较，因为你比不过他们。他们接收信息是真实的，他们那个真实和成人世界被包裹、装修以后的不一样。所以我觉得跟他们沟通更加简单了，而且你别以为小孩什么都听不懂，其实他们明白，他们跟我之间没有语言的那种误解，因为他们说汉语不太熟练，他们是说蒙语的。我觉得语言这个事经常会被误读，你拿语言去说一个东西的时候，说的不见得准确，他接收到的信息也不见得是这个东西。相反你们之间没有这个工具，你不依靠这种工具，人与人之间就得需要一种感觉。你跟他更多的是“你做对了，太棒了”，一个手势他就知道。说这个不太好，你一皱眉头，他就知道情绪可能不太对劲。那种感觉的沟通是很不一样的。

而且最最关键的，孩子会无比信任你，他对你没有怀疑，你所建立的这个世界，你给他讲的人物和这个东西，他就相信是这样的。比如最早的时候毕力格问我为什么把酒放在河里，我就跟他说，你摸河里凉不凉？他说凉。我说这个东西放在凉的东西里就不会坏了。他就相信这个东西是这样的，然后他把他自己的好多东西也都放里面去，他是非常信任你的。

林旭东　你去了以后跟他们说戏的时候，他们汉语也不是很熟练，是通过比划还是怎么样一个交流方式？

宁　浩　会有一个老师在中间，他们的老师等于是翻译，我也会给他们常规的启示。很简单，说心里话没有特别复杂的，没有很独特的技巧。

林旭东　拍摄中沟通的困难一直没有发生过？

宁　浩　没有。我觉得我拍电影到现在都没有遇过这种情况。

林旭东　拍几十条什么的?

宁　浩　很少,我最多拍十多条的,但通常都是因为技术问题。演员状态问题比较少。我最长的一次拍过十几条，有因为演员不好弄的，但是那种是非常难演的戏才会有。实际上文艺片很难遇到这种情况，文艺片基本都是很简单的状态，你坐在这说话，你这么说那么说都是对的，你只是说来说去的状态，不会说让你来一个大情绪，马上转变，没有那么高的技巧要求。

林旭东　前期我听你的描述，主要是跟环境和条件斗争。

宁　浩　因为我拍戏的时候经常注意力都在外面，不在戏里面的，都是在对抗各种任务。

林旭东　拍摄条件带来的故障要远远大过于创作上给你带来的困惑。

宁　浩　我是个非常务实的人，我当时看到这个条件，立刻把之前那个剧本扔掉了。我前面写的一个剧本是有分镜头的，分得很详细，我说不能这么干，这么干这事就折了，我就把剧本扔了，拿故事大纲重新拍。我说要按照一个最基本和最简单的办法来操作，这个东西才可能拍下来。

我听说过有一些导演跟演员说戏非常有办法，有各种各样的办法去诱导演员，其实在我这从来没有办法，可能这也是我的弱项。我觉得有很多戏并没有那么高的难度，比如说很多偏文艺的、没有大戏剧起伏的电影，在表演上的那个精准度、难度比较低，你只要找对了人，他的状态是正确的，他的所作所为基本都是正确的，不会有太出离的地方。这是《香火》跟《绿草地》那一类电影的特点，没有急剧的矛盾冲突，你只需要展现他正确的状态就可以了。如果是大戏剧冲突的那种，像后来我拍的那几个戏，那种戏经常是开场的时候很开心，结束就要哭得乱七八糟，或者开场是好朋友，结束要打起来，这种东西普通的状态型演员是达不到的，这种技术他没有。开场咱俩和和气气，待会儿说急了，情绪转变了，过会儿我还得求你，这种节奏跟逻辑是普通的非职业演员很难达到的，有过戏剧训练的人才能掌握。遇到这种情况我们才可能要研究研究戏的问题。但是我仍然把它看成技术问题，这种技术问题也通常都是可以解决的，也不能说靠拍得多来弥补，不是说你拍八十条就一定有，拍了十条就没有。只要你分析得准确，能告诉他问题出在哪里的话，我相信职业演员都能快速地修正那些地方。

林旭东 《绿草地》前期完成了，我听说后期资金上好像又

《绿草地》剧照

出问题了?

宁　浩　超支了十万左右，四十万的计划拍到五十多万。

林旭东　等你九月份回来的时候已经超支了?

宁　浩　对，因为中间出了各种各样的幺蛾子。到最后录音师王砚伟每天搬把椅子到现场去看，说我看今天还能出什么事。我们开会讨论翻车的事情怎么处理的时候，正说着有人跑到现场跟我们说，哎，你们又一个车给翻了。都邪了门了，我们在那翻了三辆车。所以我每次只要一开会，一开始拍戏，我都先跟制片主任说，把车队队长找来，车祸的问题是要非常小心的，只要有大范围迁徙，必须编队走，不要开夜车，这些必须都得列出具体的管理办法才行。就这样还不行呢，拍《无人区》的时候又一次翻车，那次我坐车里面，一个维族小伙，开得太快，当时倒场回来困得不行，我睁开眼睛刚跟他说一句话，我说你开慢一点，你这样会出事的。还没说完呢，马路上突然蹿出一个人来，他为了躲那个人，车整个在马路上翻了，再掉到旁边沟里去，车都拍扁了，我们几个全在车里。然后爬出来，我们说别着急，别到路上去，每个人都把手机打开，伸到马路上，拦住我们后面车队的车，要不然看不见。《无人区》那边的路太黑。他们说我们很有经验，因为我们经常翻车。

林旭东 后来《绿草地》回到北京，已经超支了十万。

宁　浩 超支十万之后，就在我以前剪MV的机房剪，那个剪辑师最后跟我说也没什么好剪的，一个镜头都没浪费，没有多余的镜头，都剪完就接上了。因为也没有条件拍太多的东西。

林旭东 基本上全用上了？

宁　浩 基本上全用上了。因为有很多我在现场剪，现场这戏不要了，那戏不要了，能在现场删的戏就在现场删掉了。

林旭东 实施的过程当中？

宁　浩 对，会删掉剧本中很多戏。因为这个电影对我来说最主要的是把它拍下来，我们认为完成就是胜利。不要说把它拍好，那时候都没想这些事，想的就是完成。我记得拍完最后一个镜头，我们回来的路上首先约定所有车不许开过六十迈，我们去的时候十二个小时就开到了，回来开了两天。我怕了，我说不许超过六十迈，编队，四辆车一块回。我记得拍完最后一个镜头是下午三点多，录音给了我一根烟，我在那抽烟，我说大伙去吃个杀青饭吧，那些人都收拾东西，也不说话。以前一般剧组说杀青都很高兴，这些人都很沉默在收拾东西。收拾完以后说，导演咱们回北京吃吧，一分钟也不想在这呆了。我说好，咱们回北京。然后开车往回走。

我记得一开始杜杰开车，我坐在车上，杜杰说特别不真实。我说什么不真实，他说我觉得这是一场噩梦，我不太相信这么快就醒了。他后来跟我聊，经常梦到在《绿草地》拍戏。

林旭东　这是不是你所有影片里面进行得最困难的?

宁　浩　对。但是拍过那个片子以后，就觉得没有什么事拿不下来，所以后来拍《疯狂的石头》，很多新加入的人都说太苦太累，我们都觉得特别开心，这个戏太轻松了，一点困难都没有，我们都觉得没困难没压力，因为这些跟《绿草地》比起来太小了。我一直很感谢《绿草地》，感谢《绿草地》的兄弟姐妹们。

两种试验：《疯狂的石头》&《疯狂的赛车》

《大钻石》。机会来了。刘德华。商业片。

林旭东　从《绿草地》转到《疯狂的石头》,《疯狂的石头》这个想法很早就有了吗?

宁　浩　很早就有了。

林旭东　那天我们了解，去完香港电影节你已经在……

宁　浩　在还没去香港电影节的时候就已经有那么一个故事了，我上电影学院的时候，严格说还不是上电影学院，可能上电影学院之前我就写了那么一个东西。最开始叫《大钻石》，我想写一个警察在查一颗丢掉的钻石的故事。后来这个故事被中戏九八级的毕业生排过，当时我跟田友良关系好，他们排了一个毕业大戏，主演是邓超，我还去看了看。他们当时有两个剧目，一个是这个,一个是《翠花上酸菜》，最后选了《翠花上酸菜》，就是麻花的那个系列，麻花系列是田友良他们最早做的，第一部是《翠花》，第二部是《麻花》。但是他们最早排的不是《翠花》，是《大钻石》。排完之后，我就把那个故事放那了，那应该是上电影学院在课堂上写的。其实我当时写了一大堆,《大钻石》是在《香火》之前写的，也就是说《疯狂的石头》是在写《香火》之前就开始有这个想法。

我当时在北京合租房子,大家各住一个屋,有的时候你会觉得,你隔壁住的是谁你不是很清楚，你会有一种想象。从合租房子这个点出发，就会有各种各样荒诞的事情发生。我说一个警察和一个小偷，两个人都需要，他就得合租一个房，结果就住一块了，俩人每天还要共用一个厨房，这种荒诞性是非常有可能的。所有一切的出发点就从租房子这个细节开始，所以才有了《疯狂的石头》后来的设置，一直围绕着贼和警察都住在同一个宾馆，喜剧形式从这里面展开。但是当时又觉得这种东西在当时的环境之下更像是话剧，或者先锋话剧，影视作品写这样的东西特别少，绝大多数都觉得你必须有一个情怀，有某种文艺的倾向。因为中国小电影没有市场，当时的情况没有什么希望。你唯一的希望就是得到国际市场的认可，也就是电影节的认可。你要得到电影节的认可，就必然不能卖戏剧性，你卖不过美国人，所以你只能卖你对于社会的苦闷，你的成长的烦恼，你的某种不为人知或者不可告人的情怀。我当时写了很多有戏剧性的东西，我也不抱希望，因为有戏剧性建构的东西，你起码要有一个及格的投资量才能完成，所以我就放那了。然后开始又写一批切实可行的文艺片子和现实主义的东西。但是我后来发现其实两者可以有结合，我这个人有一个特点，我会从事情的另外一面去看待发生的事情，比较喜欢那么想事。

林旭东　你为什么在完成了《绿草地》之后开始想做这个事？

宁　浩　其实就是机会来了，也不是我想做这个事。我一直在做着储备工作，一直保持着十个左右的故事储备量，是我喜欢的十个故事，我现在也有。就是看来一个什么样的机会，我就会拿出什么样的故事来。

林旭东　当时是一个什么机会？

宁　浩　我上电影学院储备了这些东西之后，如果来了那么一个几十万的机会我就消费这个事，如果有几百万我就拿出另外一个东西来。当时在《绿草地》之后，同时来了三个机会，有一个法国资金在找我，希望我拍一个中国的文艺片，也谈了一段时间，说他们给我们资助，他们看过《香火》，觉得那个很好，他们说再拍一个反映中国的电影。还有一个是焦雄屏找我，焦雄屏听我讲过另外一个故事，《双塔记》，她特别想拍《双塔记》，她说那是一个很有趣的故事，比《香火》要商业，但是又很有乡土气息，她很想拍那个。当时她投资七百万，法国那个投资大概五六百万，这两边在找我谈。《绿草地》又去了香港电影节，在电影节上，刘德华的人找我，其实不是刘德华本人，是余伟国来找我，说我看过这套片了，我觉得你这套片拍得很喜剧。他是看到那个喜剧成分，每个人的角度不一样。《绿草地》里确实有一些喜剧的色彩，比如他爸爸爱玩儿套圈，那些小的细节，其实在《香火》里面也有一些喜剧的色彩。然后他说你是不是愿意拍一个喜剧片？他当时是忽悠我，他一开始跟我说的是给五百万。他的好处是什么呢？你想拍什么就拍什么，不管你，你只要拍了就行。但是那两边都有一定要求，一个是说你要拍跟《香火》一样的题材，一个是说你要拍一点具体指定的东西。相比较，刘德华这钱是最少的，后来又变成三百万，我还是答应了这个事，我就看中"不管"，我觉得这个太好了，是一次机会。我就想，在当时那个局面下如果我想拍文艺片，我应该拿到门票了，就是我肯定不用发愁以后再找不到钱来拍像《绿草地》或者《香火》之类的电影。可是我一直想干的事是商业片，很难说服投资商来投资这种电影，在当时我觉得不可能。我想象不出来中国电影如果这么拍会是什么形态，描绘半天都说服不了他们，所以最后这个"不管"的机会最好。我的想法就是拍一个商业的电影，不想拍一个文艺的电影。

林旭东 当时为什么你想拍一个商业的电影?

宁　浩 不为什么，我就是喜欢那样的。

林旭东 但是你头两部电影都不是这样的。

宁　浩 我也不能说我不喜欢文艺片，但是任何一个艺术家或者任何一种艺术家，你都希望你的艺术交流是广泛的，而不是一个窄口的交流。

林旭东 或者你当时想在这个市场上试一下?

宁　浩 我有一种想法，那时候有人认为中国拍不了小成本商业电影,说中国人的商业细胞和戏剧的处理办法不够。我说不对，我不同意这种说法，我们很多三十年代的电影已经拍得非常戏剧了，我们的《小兵张嘎》拍得非常好看，我们的“十七年电影”都拍得非常紧凑和紧张、有悬念，我小时候看的那些《狼牙山五壮士》什么的非常好看，从戏剧的层面来说没有什么不好看的，只是后来比较少了。你不能说我们不会，有一种论调是我们没这个土壤，我觉得不对，三十年代都有，难道现在没有了? 我觉得是可以的，而且土壤一点不枯，因为我们有很多电视剧做得都非常戏剧化，做得很好。所以当时我希望能够做这样的尝试。

电影分太多种，我承认有诗电影，有散文电影，但是今天的这个市场的主体，包括美国甚至全世界来说，百分之八十的功能是替代戏剧、替代小说的，它是拿这种形式来满足人们的故事欲。为什么很多人都在看故事，这个故事实际上是替代戏剧和小说的一种功能。当然它跟电影本体论有背离的地方，但是也有统一的地方，它在借助很多电影的语言描绘戏剧，也不能说这个东西就是不伟大的。因为时代在进步，它总是在不断地发展。所以我就选择了这个题材，觉得不妨一试。

林旭东　当时一片都不看好？

宁　浩　普遍不看好。

林旭东　但是你为什么特别想做这个？

宁　浩　我当时想，我难道还是再拍一个电影再跑一遍电影节，然后再回来，再拍下一个，再跑一遍电影节？

林旭东　你当时被否定的是这个具体的故事还是你想做商业片的想法？

宁　浩　针对的是这个故事，这种故事行不通。

林旭东　但是为什么有冲动想做这种故事？

宁　浩　因为我觉得说此事行不通的都是电影行业的人，我其实也试过很多次给别人讲这个事，我觉得我在讲故事的时候没有人走，没有人离开，你听的时候高兴，你又说这个拍不了电影。

林旭东　听故事的是一般朋友还是圈里人？

宁　浩　就这些人，其实也是朋友，我在给你讲故事的时候你也开心，但为什么开完心你又说它拍不了。我觉得人有时候会自我欺骗，或者他站在行业操作的角度讲，他不停地给自己泼冷水，不敢说那个东西是对的。我的直觉觉得应该没问题，可以干。现在又有那么好一个老板，刘德华也不差这俩钱，他也不问我要回收，要是一般的老板，你投三百万他要你给我拿回多少钱，人家根本不问这事。我说就算是赔了，哥们心里也没那么纠结，要不然我会很难原谅我自己。其实当时投资的不光是刘德华，不能不提一下当时还有一个老板，叫周林，是我们内地的。

林旭东　是不是也去了柏林？

宁　浩　没去柏林。周林是四方源创的老板，他一直在拍电视剧，他以前是北京电视台电视剧部的主任，非常好的一位大哥，我很尊重他，我觉得他一看就是以前做过领导的，比较大气：只要你定了，我支持你干这事。他也不是那种急赤白脸追在你屁股

《疯狂的石头》剧照

后面的投资人，他投一百五十万，刘德华投一百五十万，给了我很多的空间。

岳敏君。《红色赛车》。“我先陪几位大哥喝一杯”。重庆。小混混的浪漫主义。

林旭东　你在做《石头》的时候，很明确是想做一个商业片？

宁　浩　商业片。我当时在香港还犹豫，因为没法在现场答应，我说回去再看一下。战略上是答应了。香港电影节回去我直接奔大理了，在那呆了十来天，跟小军住在老岳（岳敏君）的空房子里，每天看老岳一个光头的画，在一个开口笑的画底下躺着。我记得当时我就惦记着把这张画卷走。他们家也特逗，他们在那买了一个房子天天遭贼，把电视机都搬走了。我说你这什么贼啊，把电视机、音箱、功放什么都拿走了，墙上的画一张没拿，他们家里最值钱的就是这张画。我就想我能不能连这张画也拿走，然后说被贼偷了，哈哈。

那时每天就在琢磨到底拿什么东西出来拍，其实一开始想的是有另外一个作品，叫《红色赛车》，预计需要七百万，是一个现代爱情轻喜剧。

《疯狂的石头》剧照

林旭东　现在还在你的库房里？

宁　浩　已经淘汰了，那个也是挺完整的一个故事，讲一个北京的快递员，一个聋哑人，他的梦想就是买一辆自行车赛车，那是一个很荒诞的喜剧片，其实也编得不错，现在拍出来也是很好看的故事，但是投资量可能会大一点。我当时在那还计划这个，但是回来突然接到一个消息：削减预算。我本来想多要一点钱，我说五百万再添两百万，七百万就可以了，结果告诉我削减预算变三百万了，我说好吧，《红色赛车》就拍不了了，那我能拍什么？一想，钻石这个可以拍，因为没有动作，没有车什么的，就是一帮人搞来搞去的。三百万的话我就拍《疯狂的石头》，就赶快签合同，别过两天又变一百五十万了，迅速把合同签了，我就直接去重庆。当时想是在武汉拍还是在重庆拍，想来想去还是重庆，因为重庆有立体感。

林旭东　你以前到过重庆吗？

宁　浩　没去过。

林旭东　为什么会想到重庆？

宁　浩　很多城市你看过图片就知道，他有一种感受。在大理的时候遇到一个女孩一直说重庆多好，对重庆有那么一个概念，又觉得那女孩是那样的性格，我看着挺吓人的。当时我们在酒吧里面，我跟小军两个人在喝酒，那女孩，还有另外几个人也在喝酒，喝着喝着那女孩突然把我们喊过去，说你们过来一块玩儿。也不认识，就喊我们过去。他们要玩划拳，但是人少，就把我们俩喊过去了。过了一会儿又来一堆人，当地的，一看就是街面上那些人，这些人一直看我们，我们这桌姑娘多，好像要出事。那女孩自己抄起一扎啤酒就去那桌了，往那一坐："我先陪几位大哥喝一杯。"咣咣咣自己就灌一杯，回来又接着玩儿，那帮人不吱声了。我说这个女子好生了得，我就觉得她这种劲儿——但是我后来发现重庆姑娘就是这样——生猛，有那豪侠范儿，有那种气质，但也比较容易出事。我对她们的印象比较深，觉得这种人物性格蛮有特点，跟我见过的北方女孩不一样，我对这挺有兴趣。

我当时也没有决定，我说先奔重庆去，到重庆看，不合适顺长江下到宜昌、武汉，都去看一圈。结果一到重庆，我就觉得不用跑了，这地儿就对了，再看也没时间了。我印象特别深刻，一下飞机，半夜，路上所有司机都在摁喇叭，他们那稍微堵车司机就摁住喇叭不放。你想一条街上的司机都摁喇叭是什么样的情景，是一种什么气势，我说这儿的人太火爆了。路边人全光着膀子吃火锅、麻辣烫，生龙活虎的气息扑面而来，就那个劲儿，很有生命力。我觉得这个劲好，不用走，就可以在这了。故事发生的地方就应该是这样的状态，因为能做出这种事的人都挺躁动，敢想敢干才行，很温和很江南的那种就太秩序化，在苏州发生这种事情就不太对，显得没那么有说服力，不那么有劲。我记得在重庆大学后门有一个招待所，我们在那个招待所里面租了两间半地下的客房，然后就住进去了，白天在街上转，沙坪坝、解放碑什么的就去玩儿，纯粹是瞎转悠、瞎看，感觉这个城市的气息，听他们说话，交朋友，跟人聊，然后再开始写。

林旭东　当时重庆话你听得懂吗？

宁　浩　听得懂，重庆话很容易懂，听不懂的是江浙话、广东话、闽南话，那是另外一个语系。呆了二十多天，快一个月，就回来了，第一稿已经写完，因为其实是有一定基础的，有以前那个底子。写完以后回来面临一个问题，是把它拍成一个比较飞的故事还是比较接地气的故事？戏剧层面是比较飞的，但是我希望它有接地气的人物，是能够降下来的。而那个阶层是我特别了解的一个阶层，就是工厂里的这种阶层，这种气息，这种设置，保卫科科长什么的，这些人都是以前天天在我们家打麻将的，很熟悉。这些人是最有幽默感的，他们比那些所谓的商人、政客有幽默感，商人、政客活得太不轻松了，工人们就剩下幽默了，就剩下幽默支撑他的生活，你其实越往厂矿那些地方去，只要你能进入他们语境的圈子，你就能感受到他们的幽默。我觉得写起这些人物来不费劲，定了这个方向，就快速地开始生产。那个时候都是一股热情。

林旭东　你指的是三个贼吗？

宁　浩　那三个贼不是主人公，只是重要人物，是底层小混混，无业游民。我要不是拍电影，估计就奔那路子去了。我们生在七十年代末期的这帮人，对于这样的人物不陌生。这种无业游民，你说他大奸大恶，他也不是，他还保有他自己很多的价值观，他的价值观其实还挺正确的，还很传统，还站在道义、站在兄弟的立场，他们的可爱之处是他们有完整的价值观，而现在某些人是没有底线的，可以随便变。道哥认为爱情神圣不可侵犯，黄渤认为你这个是伤风败俗的，“我都不稀罕说你”。每个人都有他自己的价值系统。

我特别爱写这种人物，市井、流民、城市无产者，这种感觉很能代表一种城市的气息，他不是土匪，他有他的智慧。土匪是不一样的，土匪直来直去，不动脑子不商量。而城市流民多半是骗子，他要给你一个逻辑，他要在某种规则之下进行，他跟你拼的是智商，这是区别，城乡结合部的力量和城里的力量不太一样。而且多半这种小混混是浪漫主义的，我觉得好学生很多是现实主义的，你跟他们聊的时候，他们骨子里和灵魂深处是非常现实的，但是很多小流氓、小混混，他实际上是浪漫主义的。为什么小女孩容易爱上小混混，因为他是浪漫主义者。他为什么当混混？他就是怀着侠客心，他就是有文人情怀和侠客情怀。他们通常喜欢艺术，其实都是混子，他会不好意思表达他喜欢艺术，但是他真的是由衷地热爱。其实流氓是这样的，他是为了争强斗狠，为了逞英雄做英雄，往往都是被那种英雄情怀鼓舞着走上那条道路，才开始变成无业游民。在人格完整性上，他们不见得是低的，他们有他们的人格，而且力量往往非常强大。我现在还有好多朋友，一辈子就爱一个女的，这事不可能掺杂任何杂质，他们有很强大的人格，这在今天的社会都是美德了。他们也很可爱，我对这种人物不陌生，身边有很多这样的人物。

林旭东 剧组里有？

宁 浩 我从小身边就特别多，剧组里也有。小时候基本上身边的小孩分两种类型，厂矿学校的孩子，一种是好学生，一种是赖小子，我们这种是赖小子，赖小子就是拉帮结伙，也有帮会性质，一个团伙一个团伙的。但是只分这两种，没有灰色地带，没有中间的。你要么就是赖小子，要么就是好学生，好学生永远不会过这个界，赖小子也不会打好学生，但是赖小子跟赖小子之间一定会干仗的。那时候身边有很多这样的人，青春期是要出事的，打死人，但往往不是邪恶的原因，我觉得远不像今天出的很多事情，都是挺邪恶的。那个时候是简单的本能的暴力倾向，甚至是为了某种情怀的暴力，为了兄弟或者为了某种道理。我觉得很熟悉，这样的人才是“犯罪分子三人组”的一种代表。而包世宏他们那一拨，实际上也差不多，他们也不属于好学生的范畴。

九号客栈。郭涛，孙红雷，郭涛。体验生活。

林旭东 然后就实施了？

宁　浩 对，完了就去拍了。写剧本也挺快，四个多月写完。

林旭东 拍了多长时间？

宁　浩 四十六天拍完，很快。当时住在朝天门边上有一个叫做九号客栈的地方，是一个新开的酒店。拍了四十多天是因为钱不够，我一开始计划拍六十天，但是制片主任跟我说钱支持不下来，所以就拍得很辛苦。那时的办法是每天工作二十个小时，回来睡七八个小时，然后再干二十个小时，也就是说二十八个小时算一天，这样的话你的工作量就加大了，等于是靠这个来弥补资金不足。我们有一个超强的统筹，每天都在计算，因为你那么往后推，你的日夜是不规则的，他就得计算好先拍日再拍夜，来回调配。当时突出的感受就是太累了，觉不够睡。可是剧组当时人都年轻，平均年龄二十八岁，道哥说像他这样的，属于拖组织后腿的。我们制片主任才二十六岁，我那年二十八岁，都是很年轻的人，也好玩。

林旭东 尽管累，但是比起《绿草地》来，还行。

宁　浩 对，其实精神压力没有《绿草地》大，就是时间上比较累，别的倒是没什么。

林旭东 这次全部启用职业演员？

宁　浩 对，这次差不多全部是职业演员，一少部分溜边的不是，连道哥女朋友那些都是职业演员。因为我觉得拍这样的戏，单场之内就需要有比较准确的戏剧表现和节奏，所以全部用职业演员。

我记得一开始在鼓楼脚底下，跟郭涛讲那个故事，讲了不到两小时，他很深沉地看着我，你准备什么时候拍呢？我说准备什么什么时候拍。郭涛说，好吧，我就来吧，你跟我经纪人谈价去吧。正在谈的时候，我们制片人突然来剧组了，当时制片人是蓝瑞龙，说我给你带来一个好消息，我说什么好消息，他说孙红雷想演这个角色。我说刚刚跟郭涛说了要签合同，你就说孙红雷要演，我

《疯狂的石头》剧照

没法跟人说这事。我跟老蓝说，这个事关重大，孙红雷要是演的话，这个就可能上映了，但是我开不了这个口，我实在不好意思说这个话。老蓝说我跟香港那边打报告。香港那边给了个指示，得请孙红雷，站在资本的角度就是这样。我说你跟郭涛说去吧。老蓝说没问题，我跟郭涛很熟，人家也不见得喜欢你这个项目。他就给郭涛打电话说了。郭涛说，这样啊，那行，那算了吧，没事没事，下次再合作。他也是着急就给郭涛打电话，打完这个电话之后给孙红雷打电话，孙红雷说要跟我通电话，一通电话，孙红雷说，这个钱也不用谈了，你这边肯定也没钱，我们这边帮你，但是就一个要求，你等我两个月，两个月以后我过来。我说老蓝你都没问清人家有没有档期，我们这箭在弦上马上开机，下个月就要拍，你等不等这俩月？我这人有一个毛病，什么事我都不能等，他说你又不赶档期，你又没有要上映。我说真不能等，我就是等不了的一个人，说好就是说好的，现在剧组都拉到这了，等他两个月会出问题。

林旭东　其他演员也都到位了？

宁　浩　什么都到位了，这样等于要停下别人的戏来等，回家，过两个月再来，我说这不大可能。我又给孙红雷打电话，我说孙哥，这确实等不了。他说那就没办法了。我说那咱们就下次吧。之后我又给郭涛打电话，我说郭老师，我是宁浩。郭涛那边：导演，你好你好，怎么了，还有什么事吗？我说机票我给您订好了，您就来吧，钱您就说吧，我们尽量满足。郭涛说，不会再让我退票了吧。我说我们给您订好了。他说别你再打电话说你可以回去了。郭涛还说，我也不是非拍这个戏，其实无所谓的，我也知道你们有难处。但是郭涛还是来了。郭涛来了就保证了计划，三天以后就开机了，主演是最后一个到剧组的。

郭涛来了我还挺高兴的，他一来很时尚，突然染了红头发，身上都是泥点子的牛仔裤，说不容易啊导演，我们终于见面了。说你再晚俩小时打电话，我就接电视剧了。其实演员也不容易，这种情况太多了，经常临时调换，这个也非常正常，我们也理解。但是郭涛人太好，所以我一直觉得差老郭一个情。郭涛后来聊天说，现在想着虚惊一场，他说当时可没感觉，当时不觉得你们这戏非去不可，他说现在想有点后怕，当时你真要是没选我呢。后来又给他重新弄头发，他这个头发跟黄渤的头发可费劲了，黄渤也是来了组里给弄头发，一开始烫头，烫一脑袋爆炸头，烫完之后觉得不对又拉直了，拉直了又觉得不对，又烫一半，烫完一半以后梳点波浪卷，每天吹一下。

然后开始拍戏，郭涛是非常敬业的，这在电影里头都看得到。我印象比较深的是他每天到现场，不吃剧组的盒饭，他带着一个电饭锅，每天自己在那涮，旁边找一个角落打开，自己炖一锅汤，

《疯狂的石头》剧照

《疯狂的石头》工作照

炖点菜叶子。我后来觉得也对，他跟导演不一样，导演是一两年一次剧组生活，演员是天天剧组生活，在剧组就是过日子，当然得有点过日子的样。

他们比较好玩，我当时主张演员拍戏的时候在现场，不拍戏就出去耍去，我说一定要好好玩儿。我鼓励之后每天晚上都找不着这几个人，打电话也不接，我一听不接肯定赖在酒吧，放 High 曲，听不见，经常到酒吧去找他们，尤其那仨贼，天天在酒吧，每天晚上一瓶洋酒，天天 High。不过那时候还好，没什么人认识他们，所以天天都在玩儿。跟他们说这是在体验生活，他们就到处说我们体验生活去了。玩儿得是挺开心的。我记得零五年平安夜，我们还在外面布景，拍道哥要撞在罗汉寺门口的车上，街上人山人海，全是人。因为平安夜，大家都出来了，而且重庆人有一种很独特的风俗，很奇怪，一人拿一个吹气的那种大锤子，大概一米五长，到街上认识不认识的互相砸，男的女的互相砸，大家也不会生气，在最热闹的地方互相拿锤子砸。我正准备开机，后面锤声一片，我就等着他们那个锤子砸完才能拍。

林旭东 那是年底了。

宁　浩 年底，杀青的时候是一月份，过完元旦，一月三四号杀青的，往前推四十多天开的机。

林旭东 上片是等到夏天？

宁　浩 等到六月份上片。六个月的后期其实已经很快了，像现在一般九个月。我后期也比较慢，得慢慢想。我其实挺佩服动手特别快的，我以前一直以为我动手很快，最近才有比较清醒的认识，我其实很慢。

麻辣烫。好莱坞。韩三平。一百个拷贝。

林旭东 当时《石头》这个片子出来，市场上杀起一匹黑马，以前圈里熟悉你的，说你这是文艺片。我当时就感到很不一样，因为你前两个片子是很节制的，一下变成这么一个重口味的，原来是清蒸的，一下变成麻辣烫了。我当时好像不在国内，回来的时候片子已经上了，我还是跟两个重庆姑娘一起看的，中央电视台的同事。已经上映一个多月，而且不是黄金时间，因为我也很想看看到底票房怎么样。是在西单，下午两三点钟，应该不是太好的时间，但是坐了八成，证明票房确实还不错。但是给我的印象，跟你前两个片子不一样，我说宁浩怎么变成这样的了。

宁　浩 我不觉得这两个东西哪个对或哪个不对，商业片或艺术片，很多人都在争论，我觉得它们特别和谐，根本不存在争论。

林旭东　拍得好都好，拍得不好都不好。中国实际上讲商业片、讲市场也讲了很多年，有很多以为是商业的，实际上没人看。有很多东西还是应该就作品来谈，看你做到什么程度。

中国电影实际上有一个历史过程，以前的中国电影太戏剧化，最早从事戏剧的人是话剧行里过来的，电影这个东西本身不是中国自己传统文化逻辑里演变出来的，它是一个外来的东西。以前上海人看电影就说看影戏去。当时觉得中国电影，也是一下打开国门，国外新浪潮进来，然后想为什么国外电影还能这样拍。确实那些电影看了以后刺激很大，但是这个过程当中有点走偏了，中国人喜欢走极端。电影圈子当时的风气，他们私底下也看好莱坞，也很喜欢，但是不能拿到台面上。在你们前面那几代导演就是这样的情况，后来中国国情变了，一下甩开市场，容易把商业片理解窄了。现在资料多了你可以看到，现在很多我们认为的作者电影，你放在当时的背景看，实际上是非常商业的，小津安二郎的电影原来是拍给家庭妇女看的，因为当时没有电视，日本家庭主妇做完家务以后，空闲时间很多，主要针对的都是这样的观众，家长里短的。电影公司也不觉得这个东西会有国际市场，也不往国外推，最后在美军基地工作的一个美国人看了小津的电影，觉得这个很有意思，后来小津变成了日本电影之神，当时他好像已经去世了。

我觉得实际上还是你最后做到什么程度的问题。以前我们出

《疯狂的石头》剧照

于意识形态的考虑，跟着苏联的话讲，好莱坞是造梦工厂，现在的文化批评起来以后未必见得，好莱坞之所以能够在那里，在娱乐的这个幌子下，实际上有很多意识形态需求。我当时看这个片子，我说挺有意思。但是当时很多批评都没提到这一点，就是《疯狂的石头》成功背后的社会心理，中国处在转型社会，人们普遍缺乏安全感，《疯狂的石头》实际上从文化消费的角度，把这些制造混乱的人讲得比我们一般的人还要低，所以大家觉得能够接受，你要把这些人讲得有距离感那就会受不了，这样就无形当中修复了大家的心理。

好莱坞为什么会得到这样的市场效益？我看到国外有一个文章写道，好莱坞永远是面对现实而又擦肩而过。比如三十年代大萧条时候拍《第四十二街》这种东西，在人人自危的情况下编造这样一个神话。

宁　浩　好莱坞好像一直针对市场和国民心态。

林旭东　它为什么能卖得出去？肯定是跟大众文化需求有关系，大众想看到这个东西，这背后肯定有它的现实原因。

宁　浩　所以这个是很有意思的话题，整个国民心态非常有影响。

林旭东　大家为什么去消费？消费群体是谁？我们大部分人还不上电影院，电影变成很高昂的消费。现在几部卖座的片子，可能是要满足白领，一般的老百姓要消费电影很不容易，住得又远，票价又贵，电影院的网点又集中在几个地方。

咱们回到《疯狂的赛车》，到了《疯狂的赛车》，很多人在市场上已经看好你，投资方可能对你这方面的能力没有什么太大疑问，很多人会拎着钱来找你。

宁　浩　不太怀疑了，方便很多。但也没有想象的那么好。

林旭东　起码你的入场券拿到了。

宁　浩　严格说，当时的市场氛围还没有完全起来，不像今天。当时投资商的门槛还比较高，能玩电影的人不像今天这么多，再往后会越来越多，可是懂行的老板并不是很多，就那几个。但是我也没想过，《疯狂的石头》是中影发行。

林旭东　当时的宣传方式好像也不是很看好，但意外地发得很好。

宁　浩　客观地说，我认为韩三平还是起到很大作用。韩三平看到《疯狂的石头》这张碟的时候我已经做完了，应该是五月份的事，韩三平看完之后觉得这个片子非常好，当时我记得大概是十点多钟，我们家电话响了，说你好我是中影集团赵海城，这是宁浩家吗？我说是。您是宁浩吗？我说我是。他说韩总要见你一趟，你快点来一下。我说谁是韩总？哪个韩总？他说韩三平。我说噢，到哪？他说到中影集团？我说中影集团在哪？他说中影集团在小西天。你多长时间能到？都十点了，我住得很近，我说四十分钟。然后我快速起来刷牙洗脸就赶紧去。去了之后一进门，韩三平说，宁浩，我刚看了你的电影。我其实是第二次见他，但是他不记得我第一次在哪见他。他说我刚看完你的片子，我觉得你的片子非常好，很好看。他还很激动，打电话叫海城过来，说现在我们决定，赵海城跟刘德华去谈，买这个版权，你拿下，跟洗印车间安排，现在要起印一百个拷贝，同时发。他说要么就不发，要发就发一百个。其实当时这个举动还是挺大胆的，在二零零六年，因为还是传统发行，不像这两年，发行拷贝没有成本的，是数字的，以前一个拷贝一万块钱。当时这个片子三百万拍完的，我自己没拿着导演费，好像还贴了十几万。我后来的养生办法是，拍完一个片子集中拍一堆MV，好多是打包三四首一块给我的，集中拍一堆MV挣些钱。《疯狂的石头》干完以后，把家里的钱也花完了，贴了十几万。但韩三平给了我奖金，他说你只要超过一千万，我给你五十万的奖金。结果很快就超过一千万。所以我很感谢他，他做事很有魄力，当时一百个拷贝对于一个青年导演来说完全是想象中的数字。当年

《无极》上的时候好像才三百个拷贝，那是个巨大的电影，你这么小的成本，新导演，第一次发行，就可以拿到一百个拷贝，后来还加印了八套还是十套，这是很不容易的。没见宣传，按我理解是来不及了，没有时间宣传，送审通过之后快速地赶制拷贝，六月份就上映了。

刘德华首先鼓掌了。票房三千万。枣核与哑铃。类型复制。男一号。没有思考的东西是不能拿出来的。

林旭东 我正好出差回来，他们说已经发了。

宁 浩 二十天就上映了。那个时候没见宣传是因为来不及了。去上海电影节首发的，因为上海电影节媒体多，他们希望给媒体先看，让媒体帮着宣传。可是也不能确定媒体都来，因为每天同时在放那么多电影，你怎么确定媒体会到你这个房间来看这个电影？所以就想请出刘德华来。因为韩总介入，就把刘德华他们搬出来了，刘德华也确实给腾了一天时间，他都没看过，那天是第一次看，刘德华就说陪我看电影。刘德华坐我旁边，那是我第二次见刘德华，在重庆的时候他去探了一次班。看完之后刘德华首先鼓掌了，他觉得好看，他说真的好看。然后他上台，因为刘德华来看电影，所以才有很多媒体记者，他们是为了到这拍刘德华才看到这个电影的，看到之后媒体反应比较好，很多媒体原计划是拍完刘德华在台上的镜头就走，但是刘德华为了防这事，前面不上台，说我就看完这电影再上台，好多媒体记者只能坐在这等着，然后看电影的时候看进去了，觉得确实好看，所以这种刺激比较大，媒体比较意外，说本来冲刘德华来的，没想到还能看到一个还不错的电影，媒体的这种反弹比较大，就在影节期间突然引爆了宣传。其实当时的新闻效应还是挺大，有很多版面整版的报道，所以是用这样一个方式开始发行的，必须感谢媒体的无私支持。

再到后来，由于有这样的关系，韩总跟我说，宁浩，你这个片子卖多少钱不重要，关键是如果挣来钱，我都投给你下一套电影，它挣多少我投多少，全部是你拍下一套电影的经费。我说好啊。其实我当时跟中影华纳签了第二套片子，中影华纳实际上也是中影的，他当时也是说你先跟中影华纳合作，赵海城分管这个事情，然后我跟中影华纳签，接着拍去了。下一个写剧本的时候，当时我就在想要拍一个什么东西，因为你突然一下有自由度了，有钱了，人家也说挣的钱都是你的，当时《疯狂的石头》票房是三千多万，挣的钱也就是一千多万。

林旭东　三千多万还不是净利润，就是票房？

《疯狂的石头》剧照

宁　浩　票房。其实只有三千多万，第一是拷贝量在那儿，一百个拷贝量，满足不了太大市场，后来韩总也说，当时这个已经够有魄力的，还是做少了。他说当时要做三百，你当年就能过亿。我说算了吧，人扔那么高不好。其实好多观众不是在电影院看的，好多观众是后来看的碟。一百个拷贝，很多城市铺不到。而且银幕数当年也不够，三千多不到四千块银幕。但也挣了一千多万，我说这就有钱了，可是这个时候到底干什么？我手里面那几张牌是什么？

这时候我第一次没从手里那些牌选，重新起一张牌。因为我的出发点改变了，不是有感而发，原先你摸着石头过河，基本都是你对于某些事情有感而发，所以《疯狂的赛车》对我来说不理想的原因可能是这样。我做《疯狂的赛车》的出发点不是从电影创作本身的角度出发，而是从市场的角度出发。所谓市场的角度不是说我赚多少钱，我总希望做的一些事情是比较有意义的。我的理由是说，第一，没有中型成本电影，风险最大的并不是低成本电影，《疯狂的石头》只是证明了低成本电影能活，大家因为《疯狂的石头》激动也是它的低成本问题，低成本以前一直有一条线：一百五十万，一百五十万以下可以拍，因为可以卖电影频道，可以卖DVD，一百五十万以上风险就很大，要不然就是大价钱请明星来。我觉得当时《疯狂的石头》是做完这次实验。

林旭东　《疯狂的石头》你最后完成的时候是?

宁　浩　三百万。我到现在也这么认为，良性市场是一千万到三千万的区间，这个区间之内是主体投资市场，这个投资量的电影应该占到整个电影产业的百分之七十，而大片占到电影产业的百分之十到十五，大片集中精力每年就砸那么一两部，小片，很小的电影也占百分之十到十五。整个电影市场应该是一个枣核型的结构，我觉得所有市场都是这样吧，不管汽车还是饭店，三星级的是最普遍和最好用的。我一直觉得当时的中国已经有了巨大的电影，后来又产生了小片市场，但是它变成了一个哑铃型，两头大。后来很多人找我都说给你三百万、五百万再拍一个电影。我一直觉得它应该是枣核型的，中间大、两头小，我也跟韩总交流过这个事，我说我想干的是一千万到三千万之间，没有明星，但是赚钱。我说这个才是最主体的，这是最可能诞生明星的一个区间。到现在通货膨胀以后，我觉得是两千万到四千万之内，超过四千万就是中大成本了。因为四千万的投资还是在一个亿的回收之内保本。我想做这个实验，投资成本在一千万以上三千万以下，它的市场回报率是否可以赚钱，我当时是想做这件事。同时我还想实验一个事情：某一种类型是可以复制的，类型片，所以我当时是想把《疯狂的石头》这个结构、方式方法重新复制一遍。

《疯狂的赛车》就是简单地从这两个角度出发，所以它的创作

《疯狂的赛车》剧照

性需求很低，创作性和表达欲望很低，没有什么表达欲望，没有什么想说的事，纯技术性的一个活，用技术化的手段做了一个产品。结果是实验成功，我认为是成功的，后来是一亿多的票房，中影跟我说的时候是一点三亿，投资是一千一百万，那就是成了，挣了很多钱。而且觉得在类型复制上、在形式上也算做成了，可是在创作上是失败的。

林旭东　自己在创作上不满意？

宁　浩　从一开始我就知道它的问题，它徒有技术没有灵魂，但是我今天也不拒绝这样的做法，我不排斥，虽然我可能会越来越少地选择这个做法。一个人不能保证永远都有话要说，或者有的时候你想说的话未必让你说，你又想做一些有意义的事情。在你没有话要说的时候，我觉得做一些纯技术性的事情是有意义的，但是确实要挑选一些真的有意义的技术性的东西去做，这个有时候也不太容易。它在市场上是有价值的，它有填充市场的功能，它不会是最精品的东西，但是你也不能说它没有价值，手艺活嘛，一定要做得精细。

林旭东　我觉得工业体系日常运转有时候需要这样的产品。

宁　浩　需要，工业体系和市场运作都需要这样的产品。

林旭东 我现在觉得这方面，中国目前的工业软件上要支撑这样的东西可能比较困难，好莱坞就是因为它是一个强大的系统在维持，每一个部门，从剧作，到营销、市场调查，什么样的产品投产都有一个非常强大的系统，起码你买了电影票进去以后，让你满足地坐在里面，出来也就那么回事，但是消费的过程当中完成了这样一种功能。据我现在看下来，除了好莱坞，其他欧洲国家都很难做到。因为观众现在消费要求也是越来越高，靠盗版碟培养起来的，一点小花招他一下就识破。

宁　浩 其实作为一个创作者，最难的是保证永远有话要说，这是最难的。

林旭东 国外有很多导演是靠他的团队来完成的，你可能没什么话说，但是正好碰上有一个一流的剧本到你手上，它可以激发起你的灵感。有的东西是这样来的，比如正好这个演员太棒了，“啪”，你又一个闪电。

宁　浩 我们现在土壤差太多了，人家是地肥水美的地儿，咱们是黄土高坡。

走到如此邪恶的境地：《无人区》

人性与社会。两只猴子。徐峥。游戏价值。

林旭东　《无人区》是什么时候启动的？

宁　浩　二零零八年年底，奥运会以后启动《无人区》。《无人区》这个项目我跟韩三平聊过，我之前给你讲过《绿草地》的事，其实我是从这引申思考的，因为我发现草原上的人跟我们这的人不一样，他跟你说明天早上七点钟把羊群赶过来，但是他第二天晚上能到就不错了，思考方式好像跟我们农耕文化所认知的不太一样，你会发现他们对于契约精神的蔑视。他拍着拍着突然说不拍了，不好玩走了，经常有拍到一半，这人找不着了，跑到旁边蒙古包跟那人喝酒去了。我说咱们大部队都在这等着呢，他说喝酒比较重要，那个事情不重要。我开始琢磨这个事情是怎么回事，这种文化形成的逻辑是怎样的。而且你看他们的表情，他们不笑。

我后来琢磨，笑是一种社会化的体现，笑是表达善意和避免攻击，是交流的一个需求。在一个没有人的地方，一天到晚见不到人，他是没有这个功能的，他不需要见人就点头哈腰地笑，在北京出门都是人你才会这样，人越少的地方人越酷，为什么西部片拍得都那样？他喜欢你也不跟你笑，他也不是那种很和蔼的表达。他们不善于表达、沟通，那都是一种很社会化的表现。我在思考，契约精神也只是城市才需要的，城市文明，人跟人离得太近才需要那种东西，人跟人离得很远的时候不需要，因为他更多的是与自然界作斗争，这时候实用主义才是最重要的，什么是能让我活下去的东西？这个准则大于你的社会化准则。我又在思考所谓社会化准则是什么，什么是社会。

其实我是通过在《绿草地》那次的经历，才开始思考人性跟社会之间的关系。人性有那么多不同的特点，人与动物的区别，在于我们具备高度复杂的社会性。你怎么来例证你这个东西是正确的呢？人是具备动物属性的，动物属性首先是邪恶，是索取。社会属性是善良，是付出。简单来说就是索取跟付出的关系。他索取是索取能量来延续他的能量，生下来就会，不用教的。而付出是必须要教的，任何一点付出都要经过训练来实现。为什么要付出？这个道理也很简单，你不付出，社会关系就不存在了。每个人不付出，我们这个社会将不存在。社会靠什么维系？是靠互相付出，不是靠互相索取，互相索取的话，你抢这个我也抢这个，大家就是敌对的。

我再讲一个故事，人最早是猴子的时候，如果是一只单独的猴子，它很容易被老虎吃掉。有一天有两只猴子，它们发明了一种方式，两只猴子在吃桃子的时候，一只猴子上去先吃，另外一只猴子放哨，放哨的猴子看到老虎来了，它嚷嚷一声，然后俩猴子一块跑。这个就是合作，它们能够避免被老虎吃掉。但是这时候，两只猴子之间产生了一个新的问题，就是付出。树上那只猴子懂得不要把树上的桃子全吃完，你要留一部分给放哨的猴子。放哨的猴子得弄明白，再饿也不能现在上去跟它抢，我得付出我的时间跟体力，我来放哨，让它先吃。这都是仅作为个体的动物所不具备的属性，而这个属性也就是社会属性，但是这种社会属性不是人类所单独具备的，应该说所有有种群的群体都具备这种属性。蚂蚁更狠，工蚁就是干活的，分得非常细，你就是牺牲和付出，付出的这一面才维系了整个社会群体。

但是为什么要付出去维系这个社会呢？这个社会存在才能对抗别的社会。它是又一种自私，是群体的自私。你站在动物的角度来看，人类社会强大绝不是好事情，那是所有动物的灾难。就是这种逻辑关系，善与恶根本就是混淆在一块的，是一个事物的两面，动物性和社会性是一个事物的两面，手心和手背的关系，你特别强调善，目的不外乎巩固这个社会来创造一个更大的恶，对于别

《无人区》宣传照

《无人区》宣传照

的生物来说是更恐怖的一个恶。而我们一直要强调的善，实际上是如何维系我们这个种群。在这种逻辑之下，当一个人从社会中脱离出来，把他丢到一个没有社会的地方，你就会发现有别的东西要出现了。因为人往往是自己也搞不清楚我到底是好人还是坏人，他变得非常复杂，很多人很善良，我对这个也好，对那个也好，但他对谁都好是为了不得罪人，将来好办事。这是不是自私？当把你完全孤立起来，把你与动物放在一起，就会剥茧抽丝地看到你真正的样貌是怎样的。

我当时就是觉得这个很有意思，可以做实验，去看待人的内心，看待人的两面性。讲这个故事的时候你会发现，人为了生存和自我，从一个很社会化但骨子里头也有邪恶的状态，逐渐在变化，你会发现你像一个动物，你又不是人了，你所具备的人的崇高性没有了。这个东西很矛盾，西方宗教特别强调原罪，原罪是你没有办法洗掉、与生俱来的自私，就是你的动物性。原罪只能靠一种东西去解脱，就是救赎，就是极致的奉献，要有杀掉原罪的勇气，灭掉自我的勇气，你才能够救赎你的灵魂，我觉得这些逻辑他们分析得挺明白的。这个其实很有意思，我只是瞎想，我觉得能够组织出一个故事来，所以写了《无人区》。

我们写得倒是过瘾，因为我觉得在我写的时候能够捋清楚人是怎么回事，我觉得我创作和写东西最大的出发点是这个，不是想能不能拍，而是通过写东西想明白一个事是怎么回事。我一直觉得艺术跟科学这两个东西非常相近，都是你认知世界的一个途径。韩三平说你要多少钱。我说上次是一千万，我这次两千万，我其实不需要特别多。

林旭东 那是在哪年？

宁　浩 二零零九年年初谈的这个事情。我还是想找一个高度社会化的符号，所以就找了徐峥，徐峥也是很城市人的形象，不土。中国的很多演员，包括我，其实都是有乡土气息的，我们身上残存了很多农耕文明的影子。但是上海、香港这种地方培养出来的演员，是非常城市化的，非常有城市气息。

我和徐峥的故事是从《疯狂的石头》开始的，当时徐峥比郭涛红，刚演完《春光灿烂猪八戒》。我本来给小陶虹写了一封信，希望小陶虹来演道哥的女朋友。结果小陶虹收了这封信之后，没看剧本，徐峥看了，说这个故事好，她不来我来，徐峥抢了他媳妇的剧本，就来了。我们两家那个时候就开始熟了，到现在关系都很好。徐峥那时候纯属来帮忙，十几天，说不要钱，我们还不好意思，给他包了一个红包。后来《疯狂的赛车》的时候徐峥也来帮忙，演一个墓地的经理。我记得临走的时候徐峥说，你下次要找我，少了六十场戏不要跟我开口。我说好啊，后来我给徐峥打电话，我说这次不止六十场，这次九十多场。他说怎么会有那么多戏？我说从头到尾就你一个人。徐峥很高兴，那就男一号了吧？我说是。我就给他讲那个故事，讲完以后他也很激动，他很喜欢这个故事，说这个故事力量感比较强，咱们弄这个事吧。但是当时徐峥胖，就减肥，减了四十斤。后来也跟余男联系，我觉得余男也是好演员，她有劲，有那种西北人的生硬。所以最后就定了他们两个。

他们说你为什么不想想请刘德华来，票房会高得多，但是刘德华当时档期有问题，得等好久。我确实不是个很成熟的导演，我觉得我像个小男孩，比较任性，基本上还是由我的节奏去走。说实话，我仔细想，我觉得票房于我好像更多的是一种游戏价值，是一种我赢了和我输了的游戏价值，不是我真正特别看重的。我并不是以票房作为第一原动和思考准则，所以有的时候我甚至不在乎投资量到底是多少。我觉得说到这儿，我可能才感觉到为什么当时没有等刘德华，其实客观来说不是一个成熟的心态，我讲到现在，我总是在说我不愿意等，其实这种不等在某种层面是一种任性，是只在你的准则和节奏上进行一件事情。在这个游戏当中，我获得最大的价值应该是梳理我对于世界的思考。至于它的票房因素，可能对我来说影响不是特别大，会有，但不会是决定性的影响。

男孩心理。打亮几座山。黑泽明。“不以悦目为标准”。

林旭东 你大概觉得东西可以启动你就做了?

宁 浩 不是，我是一定要想得够清楚，想不清楚，没有办法自圆其说，我就不能动。但如果我想清楚了，我就会做，就去行动，不会等更好的条件出现，也不会计较它会不会有更好或者更差的结果。票房的问题也不是我想的最重要的问题，能做这件事儿本身就是对我最大的一个吸引力。我还是一种游戏的状态，到《疯狂的赛车》，还是有很多花哨的东西给你们看，这个都是一种男孩心理。然后到《无人区》，我开始更多地有逻辑、有目的地通过电影探索一些问题，探索一些对于世界的认识。然后我就去了新疆，这部电影在拍的时候已经开始节制了，就是对镜头的选择等技术方面，我开始不愿意像“疯狂”时期的那样没有道理，随便乱拍。这回条件也好了，比《绿草地》当然条件好多了，也有一些经验可以借鉴，我们一去就租了个可以覆盖五十公里的对讲机站。

林旭东 你是用胶片还是数字?

宁 浩 《疯狂的赛车》是胶片，《无人区》也是胶片。我主要是觉得胶片快没了，抓紧时间用胶片。我对数字并不陌生，觉得胶片快消失了，就想着先多拍一点。《无人区》拍摄的时候，基本

《无人区》剧照

上是靠天吃饭，天气对我们的影响非常大。每天的工作时间并不长，拍夜戏比较痛苦，我们的摄影师商量了很长时间，到底要不要日拍夜，因为在戈壁滩上打灯难度太高了。但是后来还是决定打亮，那个工程量是非常大的，我们经常需要打亮几座山，把灯和发电车全部都运上去。《无人区》虽然看着戏少，但是由于工程难度比较大，所以剧组当时接近两百人，还请了香港的特技团队。

林旭东　你曾谈到你的影像，从第一部片子《香火》开始，一直到《疯狂的石头》，到《疯狂的赛车》，基本上有一定内在的线索，你说到了《无人区》以后有很大的变化。

宁　浩　我对于电影的认识是，电影更靠近音乐，离视觉比较远。艺术有两种，一种是时间性艺术，一种是空间性艺术。这两种艺术之中，电影属于前者。单独的每一个画面都是不具备整个电影的意义的，看到第一个画面你不知道这个电影是什么意思，但是经过整个流程到最后一个画面的终结，你感受到整个电影所传递的意义。它更加依靠戏剧的发生最后产生出意义，所以它与文学和音乐的关系特别密切，它还不是非常视觉的一种艺术。也就是说电影这个时候以时间为主，视觉为辅，到底什么样的视觉是最适合这个电影的才是重要的，也就是说电影不是为眼睛服务的，如果电影只是为眼睛服务的话，它就跟图片摄影、绘画是一个意思。MV跟电影不一样，你只用考虑一件事，就是如何在视觉上把它拍得更漂亮，那是一种视觉的思维办法。但是我心目中的电影，影像本身所传递和暗示的意义远远大于视觉冲击力所形成的意义。

我曾经在网上找黑泽明的一个电影，三船敏郎演一个制造皮鞋的商人，绑匪本来要绑他儿子，结果把他司机的小孩绑走了，我忘记那个电影叫什么名字了。我在网上找到那个片子，整个看了一遍，觉得很奇怪，我说这是黑泽明什么时期拍的故事？很现代，拍得很像MV，很时尚，动来动去，但是故事非常紧张，很抓人。黑泽明怎么会拍这样一个东西呢？彩色电影，难道这是他后期的作品？我那时候也不太了解。但是我最后也看完了，看完之后当时没意识到这个问题，我媳妇问我拍得怎么样，我说这个影像太漂亮了，但不好看，故事还行，我说他可能就是老了，所以拍得不太对劲。我刚说完，突然想起来，这片子里没有三船敏郎。我一查原来是大概二零零零年左右，日本的导演翻拍的，拍得倍儿时尚。我又找出黑泽明的黑白原版重新看，看完以后我说这才是电影。虽然黑白片镜头也没有动来动去，也没有特好看，感觉很不讲究，但实际上非常讲究，而那个讲究的逻辑不是视觉的，它的镜头非常稳定，它的运动和每一个东西都一定要传递导演的意图，象征学的意义远大于视觉的意义。

我觉得这是特别好的例子，看完以后才觉得这个差距如此之

《无人区》工作照

大，你会觉得黑泽明的那个特别像电影，而后面那个只能是一个拙劣的模仿，虽然他拍的画面非常好看，非常广告，非常漂亮，可你还是觉得它不对劲。所以我的感觉，一个真正的电影导演，一个艺术家，会很认真地针对每一个作品找到最适合于这个作品表现的影像。很多人都说这种影像是某个导演的风格，当然有这个导演的因素在里面，但是其中又有某些共通的规律。好莱坞的电影就是这样，它很难犯某种特别低级的错误，你既能够看到这些导演自己的风格，他又统一在一种我该怎么做就怎么做的语境逻辑内，不会因为视觉而跳出来。

林旭东　你一直这么想的还是说拍《无人区》的时候发生了什么样的变化？

宁　浩　发生变化的原因是你所关注的对象发生了转变，你开始思考那些问题，当你研究的内容发生转变的时候，你的形式自然就变了。你都说不来为什么，你不用特别努力地去营造它的改变，它自己就往那个方向变了，只要你的方法论是依据内容而转变形式。就像我那个时候拍喜剧都要求小广角，这是一个逻辑。但是《无人区》的时候开始不是那个逻辑，而更多的是现实感，我希望有一种聚焦到这个人物的现实感，周围的整个荒野是不存在的，或者它就是荒野，它没有信息，这个时候我需要的就是标准镜头，通过目镜看到这个人物更多的层面，有的时候会有长焦，来更多地突出这个人。镜头语言本身所携带的力量才是导演需要研究的事情，而不是怎么好看。

林旭东　我觉得你这里用词可能有点问题，你谈到的这些东西都是要通过视觉去作用，电影如果没有影像的话，不通过视觉的话，就等于广播剧了。你指的应该是“不以悦目为标准”。有一句很经典的话，说正是因为有了叙事，电影才成为语言。这一点概括了很多，看起来是反叙事的电影，没有什么情节，实际上也是叙事，只是叙事方法跟我们习惯的不一样。比如安东尼奥尼的电影，实际上也有故事在里面。一个经典的叙事概念就是一个时间段，从开始到结束，这两个点中间已经发生了变化。像电影导演文德斯的摄影展，他做了一个球形的镜头，他的照片特别长，这就造成一个效果，你不可能一眼尽收眼底，在你移动的过程当中叙事就自然产生了，就有时间过程了，这跟一般的摄影家弄的东西不一样，他不是聚焦在一个点上，莱卡特地给他做的一个镜头，拍的过程当中又不变形，但是出来以后是很长的一条。中国的卷轴也是这样，壁画也是这样，观看当中就完成叙事了。我最近看了一个说法很有意思，西方绘画的焦点透视，实际上跟宗教有关，教堂需要把你的注意力全集中到牧师身上。

宁　浩　对，你说的这个更准确些，“不以悦目为标准”。

西部片。伊斯特伍德。欲望。善恶和救赎。述平。

林旭东　具体拍摄的过程是怎么样的？你以前那么多磨难过来，也都没有什么大问题。

宁　浩　在《无人区》刚拍的时候，我发现体力支出比较大，因为戈壁滩上的土非常软，基本就像在雪地似的，一脚下去踩很深，你在那上面行走一天的体力支出非常大。

当时拍鹰，我们要找到猎隼。猎隼实在不太好找，它是国家明令禁止捕杀的动物，只有阿拉泰地区有国家指定的地方在养，我们就派制片到那边去请养鹰的人来。养鹰的那个人七十多岁了，身体也不好，所以我们一直非常担心，不担心那个鹰，担心这个人。所以每天就抢拍那个鹰。

林旭东　我在一个材料里看到关于《无人区》你提到了西部片的概念。

宁　浩　我小时候也比较爱看西部片，但是我又觉得，西部片产生在美国是因为它独特的地理环境和历史，有那么一个无法无天的时代，西部片某种程度上可以说是美国的武侠片。中国其实没有那个独特的历史，我们具备的是类似的地貌，那边的牌子换成英文基本就是德州，我们有一样壮观的雅丹地貌，也有类似的大峡谷，在地貌上没有问题。而这个时候我觉得美国西部片其实在进化，严格地说美国西部片在二三十年前已经死了，后来又死而复生，伊斯特伍德重新拍了《不可饶恕》，它借西部片的壳，讲社会层面的问题，我觉得这是一个很有意思的做法。我也是想用这种方法，即借助西部的这种独特环境，其实也就是去社会化的一个环境。过去的西部片很多也是在非社会化当中的一个正邪对抗，很简单地孤立出来好人、坏人以及暴力这些东西，得不到社会性帮助，也没有社会准则，没有道德标准，只有你死我活，好像就显得更纯粹更原始了。我倒更看重新一代的西部片，它是借西部片的形态讲当下的问题，我觉得这是蛮有意思的一个演变。我也想借助这种方式，它似乎跟美国西部片的景致和人物关系是一样的，可能也有正邪对立，有暴力，有去社会化的环境，但是，我想谈的还是抽离出来的人性的挣扎和斗争。这是中国最主要的一个问题，也是时代的一种标志，它自然而然地反射出时代的东西。

平常聊天也有人问说，宁浩你所有的作品当中，有没有一个共同主题？我说除了《绿草地》以外，所有的都在谈一个东西，就是欲望。我们是生活在改革开放之后的一代人，这一代人最大的变化就是不谈理想，不谈信仰，不谈政治诉求，整个的推动力都是个人欲望与社会欲望，所有的矛盾都是个体欲望与集体欲望的矛盾，我觉得现在问题太简单了，就是利益诉求，简单得简直有点奇怪。所以，《无人区》也是谈这么个事情，谈谈人性。

其实《无人区》结尾最早也不是这样，原来结尾就是毁灭，死亡，所有的终极方向都走向死亡。但我最后留了一个余男把那个人杀了，还挺复杂的。我原先写的余男这个角色是一直没有反抗、没有力量的一个角色，她是被暴力所压制的，而到最后，徐峥那个角色的死催生了这个女性的暴力，她最终把那个坏人给杀掉了。可是这样的东西就太不主流了，因为最后解决问题的终极手段是暴力。所以就在那儿转了。我这个片子里其实混杂了两个命题，善恶和救赎，最后就拿救赎的命题来谈这个东西，就是你走到这儿，你走到如此邪恶的境地，你只有全部奉献才可以解决你的问题，死而后生。其实我个人觉得，从这个修正的版本来说，不会有太大问题，因为说的就是恶有恶报和你必须要救赎你自己，你必须做出更大的牺牲，其实这是主流价值观。

林旭东　你是出于现实的考虑不得不这样改，还是你自己觉得需要这样改？

宁　浩　我觉得任何事物都可以从两个角度去考虑，就是它一定有一个不好的一面，但是也一定有往另外一个方向发展的可能性。我基本上在看待一个事情的时候，总会想象它会有另外一个原因和另外一个发展方向，坏的事情有可能会转变成好的事情，好的事情也有可能会转变成非常不好的事情。述老当时写戏的时候，跟我一块儿写，说你这种方式太矛盾了，一出来就是俩。

林旭东　这个剧作是你自己写的还是述平写的？

宁　浩　我们一起写的。

林旭东　影片完成之后，你自己的意图基本上实现了吗？

宁　浩　我觉得还没有，我也在梳理呢。

林旭东　好像我们看的版本不像最终完成的感觉，最后老板娘的死剪掉了吗？

宁　浩　剪掉了，没有了，死人太多了。

林旭东　你在那儿拍摄了多久？

宁　浩　拍摄进行了两个多月，七十多天。我一般拍得尽量快，我不喜欢磨太长的时间，画画也是喜欢画得快，一上午画一张吧，不要画好多天，所以有的时候也会觉得有欠精致。其实我想尝试

《无人区》剧照

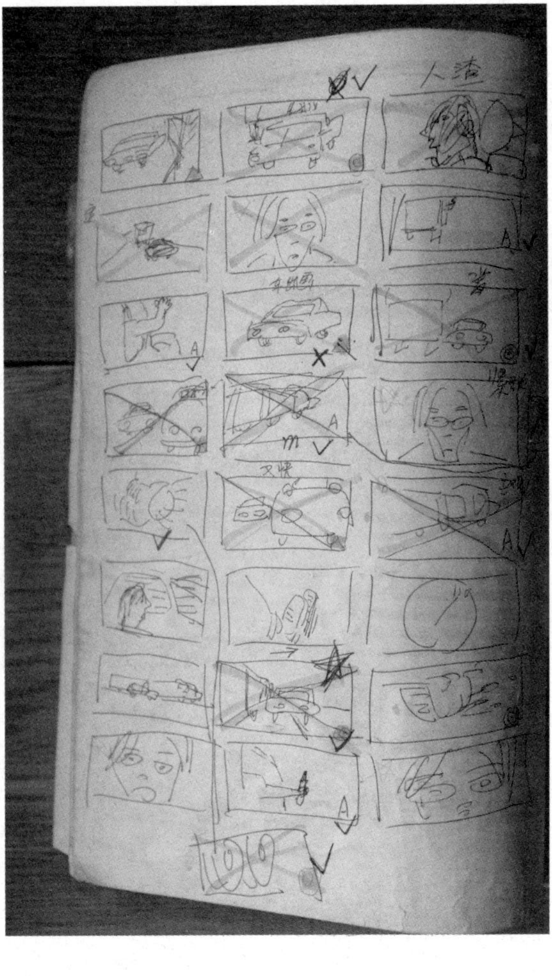

宁浩手绘《无人区》草图

一下很精致地慢慢拍上半年。

林旭东　我看到那个片子的感觉，前面比较清晰、活跃，大概到了三分之二以后，我觉得着力点有点消耗，有些拧巴，这儿想做一点，那儿想做一点。

宁　浩　有可能。

林旭东　这个好像在你以前的影片里没出现过。

宁　浩　这是非常有可能的，拍电影刚开始很简单，到后面越来越复杂，越来越不单纯。

撕裂成长：《黄金大劫案》

两万天。死亡。宇宙的能量。科学和哲学，艺术与宗教。

宁　浩　我觉得可能我对于电影的想法有一些改变，我以前会非常喜欢《变形金刚》这种电影，但是我现在越来越没法看下去，随着年龄的增长和对现实的了解，你会越来越拒绝这种单纯娱乐的东西，娱乐没错，就是游戏，只是我可以消耗的时间越来越少。人过三十都会慢慢地要考虑这些问题，年轻的时候完全是在挥霍，也不懂，花两小时看一电影就看了呗。现在算一下，一辈子才两万多天，前面我已经用了一万多天了，这两个小时其实很重要。

林旭东　这种感觉仅仅是因为你年龄的增长还是别的原因？

宁　浩　也许是因为有了孩子？其实我倒是想仔细地区分一下，到底是什么东西在促使你改变。促使你改变的真的是这种角

《黄金大劫案》剧照

色的转变吗？你以前为人子，现在为人父，这个东西就发生转变了？可能有一定原因，但是主要的原因到底是什么，如果没有为人父，人是不是不会成长？我也不能确定这个事情是因为孩子来的，我倒更觉得是我的前两代人促使我去思考这些问题，我的爷爷、奶奶、姥姥、姥爷全部都不在了，是相继去世的，所以我觉得更确定的是，你思考这个问题，给你带来动力的不是你的孩子，不是未来，而是你失去的东西。你的孩子、你的未来只是希望和支柱，它其实是在麻痹你思考的神经。你所失去的更能够唤醒你对于某种东西的关注。

从三十岁开始，我越来越多地想关于死亡的问题，想关于人生终点的问题。你到了这个年纪了，参加的葬礼越来越多，不像三十岁以前参加的婚礼很多，你会发现死亡这个事情从艺术作品当中，开始走向你周围的人，开始走向你的血亲，你就不能回避这个问题，这是每一个人终将面对的结果，这是宇宙能量的发展方向。当你越来越意识到死的时候，你开始对生产生怀疑。生有意义吗？其实这件事情我跟我太太也探讨过，就是要不要生孩子。因为你有了孩子，他注定要经历这番过程走向死亡，这是一个痛苦的历程，你有什么权力决定创造这个苦难？甚至佛教里都有那种说法，就是碗不要冲天放，因为它会滋生一个生命，这个生命就面临着走向死亡的苦难。所以我就在想这些问题，严格说以前也若有若无地在想，只是准备拿它来拍电影才变成一个主要的议题，就是死亡到底是什么，我们如何面对这件事情。

林旭东 这好像应该是我想的，我也没想过。

宇 浩 不知道为什么，我开始越来越多地关注这个问题，包括宇宙的问题，看霍金的书什么的。我的感受是，生命的过程和宇宙的能量是同步的、统一的，生命本身这个形态只不过是宇宙能量的体现形式，你今天的这个样貌是奇点爆炸那个时候就注定了的，它到这个阶段就会产生这种能量，然后以你这种形态体现，你所有的能量都是从宇宙爆炸那个奇点能量来的，你在演变这个能量。所以你与宇宙的形态是统一的。能量在不断地扩散和消散，生命也是在不断复杂化，也是呈扩散状态，从单细胞体到越来越复杂，再分裂出社会形态和动物形态的对立。在这个形态之下，人性和人类会发展到什么方向去？或者宇宙有没有能量消散殆尽的阶段？会坍缩成一个奇点再回来倒着来一遍吗？我会经常思考这样一些问题，也就是在刺探生命本身的意义是什么，或者有没有意义。人类这种社会形态只能叫二级社会形态，最初级的是动物社会形态，往高端发展会进行到哪里？三级形态是什么样的？两种不同的社会形态相遇会是什么样的？以宇宙为单位来说，是不是也存在社会关系？有没有一个镜像宇宙存在？宇宙的能量在向外扩散的同时，有没有向内的一个镜像世界存在？按照物理学的理论来说，极大的能量爆炸的时候，爆炸的压力最中心会有一个镜像力，那个力是不是会产生一个宇宙？这些问题就是我越来越感兴趣的。很多问题你没有一个特定的答案，你发现你只有能力提问，你没有能力解答，你面对这些问题的时候没有能力解释，如果你要寻求某一类的解释，你只能以唯心主义的方法，大而化之地去谈，宗教能够解决的只是心理问题，而很难给出逻辑上的答案。

比如道家的阴阳鱼，它这个形态讲的是什么？它是对立的，黑白对立，但是统一在圆形之内，对立统一的原则，它的曲线表达的是运动，其实是在说这个世界是对立统一动态平衡的。然后其中还有百分之十不可测，不确定。白中有黑，黑中有白，动态平衡，对立统一。我觉得道家是一个比较靠近科学的系统，所以它只能触及哲学，到不了宗教的这个程度，它后来是被生拔到宗教的程度。所以哲学与科学我觉得是非常近的。但是哲学能够弥补一些科学过不去的坎儿，它存在模糊式的办法，统一给你解释。科学太细了，它是一个个分支，不管是什么学科，走到一个极致是走不通的，必须要有一个大而化之的东西来给你总结规律，这个时候哲学是特别派得上用场的。艺术应该是从另外一个面去解释世界，我觉得艺术实际上是与宗教站得很近的，宗教从纯唯心的角度和感知的角度去理解世界，它也在解释世界，这种解释世界的办法与艺术同源，是很主观的，都是要调动人主观的力量去解释世界。艺术是脱胎于巫术的，最早的表演就是跳大神，他演天神，为了说服你编一个天上的故事然后告诉你。宗教和艺术一起解决的是人的精神能量方向的问题，它疏导你的精神能量，给你解决某些问题。你去寺院拜佛，整个寺院的空间建筑结构和故事的建筑结构是一样的，一进门的时候先吓唬你，先给你四大金刚，让你感觉这是一次危险而恐怖的历程。在教堂门口，要有倾斜的上帝之柱，都是先给你一个压迫感。故事开始一般都是先搞砸一件事，然后走下去，再给你点果子吃，你就可以看见喜笑颜开的弥勒佛，接着往后走，一直经历各种磨难，最后的真理在大雄宝殿上。它的节奏铺排与讲故事的方式是一样的，在电影里最后你的 ending 戏要产生最大的意义。宗教告诉你是这样，故事也是在告诉你人生是这样的，让你来看透人生中的生死沉浮，从而产生抚慰、启示等等作用。所以科学和哲学是一个阵营的，艺术和宗教是一个阵营的，大而化之，这两个大阵营又是统一的，两种认知世界的方法而已。

成人礼。撕裂成长。信仰。提问题，看笑话，找答案。

林旭东 在这样一个阶段，你具体怎么开始启动最近这部片子?

宁 浩 通过那种思考，我发现宇宙或者说生命的这种能量都存在一个弧线，这个弧线是从膨胀期到消亡期。从这个角度来说，就出现了人生的两个部分，一个是成长阶段，一个是消亡阶段。宗教也是一直在解决成长和死亡的问题，因为人的成长是一个特别困难的事情，一个特别需要支持的问题，要不然你将没有勇气面对。所以，成长无论在西方还是在东方的教育里头都是一个很重要的母题，在没有宗教的时代，人类已经开始试图解决成长的心理问题。所以人类有各种各样的成人礼。

那为什么会有这种礼俗? 其实都是在通过这样的方式教化新的成员，说你们要知道生命是一次痛苦的历程，成长是以痛苦为代价的。通过这样的方式，我们才能知道，死亡是必然的，是你要坦然接受的，牺牲就是你生命的终点，你一路的痛苦都是你成长的代价，一步一步痛苦地走向终极的那个方向。生命的这种形态又与宇宙一样，宇宙的产生就是爆裂的，是一种痛苦的撕裂的方式，能量就是不断地通过这种爆裂的方式发展，新生命的出现也是以一种痛苦的形式产生的。包括社会也是一样，社会从一个

《黄金大劫案》剧照

低级形态向高级形态发展，一定是有阵痛的，一定是撕裂的，他是通过一个极端的流血、战争等等方式，产生外部创伤和内部创伤，从一个低级形态向一个高级形态转变。

然后我就在想每一个人的人生，一生当中，促使你质变的时候，基本上都是一次撕裂，都是一次牺牲，是一次痛苦。比如有的人会有这种经验：当你的父母突然有一个离世的时候，你会瞬间长大，你会瞬间变成一个成熟的人。我见过好几个朋友，都是玩到四十多岁不结婚，每天耍，突然有一天说要结婚了，我就问他说你们家谁生病了？他说你怎么知道的，你跟算命的一样。这之间是有关系的，一个人突然丧失安全感的时候，他就要成长，要寻找一个新的东西。这一步其实是通过某种痛苦的形式得到提升的。我经常跟人说，你回忆你的这一生当中的几个关键事件，让你跨过那个门槛，接着往前有一次质变的事情，基本上都是你没赚到钱，或者你觉得倒霉的事儿，跟利益没关，你付出足够多才得到这个成长。所以这是一个我想谈的命题，这也是我觉得我有切身感受的一个命题。人的最高阶段是什么？我觉得人类走到最高阶段就是佛教说的大无畏阶段，不怕死嘛，就是修炼成最牛的人，而真正不怕死的大无畏阶段其实是什么？是信仰，信仰所支撑的力量。所有勇于面对死亡的人，一定是有信仰的，没有信仰的人死的时候都是非常幻灭的，非常痛苦，有信仰的人才不怕死，他认为有一些东西比死还要重要。所以，我想说的是，一个人从出生下来就是个蒙昧状态的动物，动物只有一样东西不用学：欲望。索取这件事情是不用学的，你生下来就知道吃奶，贪财好色这点事儿都用不着教，人人皆会。《黄金大劫案》就是从一个很蒙昧的人开始，这个人是一个什么都不懂的人，是一个跟我一样生下来只具备动物的基本性，只知道娱乐、索取的人。他有他的家庭，有他的亲情，他是一个有足够安全感的人。从这个阶段你要成长到有大无畏理想、信仰的阶段，中间要过多少个门槛？而成长到那个层级的时候，你往往首先要学会的是放弃你的欲望，所以这个电影我一直想讲的就是你人生中有那么多磨难，就跟唐僧取经一样，这些磨难是什么？这些磨难都是你自己，那都是你的欲望，你都是在战胜你自己的一些东西，然后才能得到一个真理。

这个电影只是设计了观众会着迷的几个简单的东西，比方说第一关就是欲望，钱，你要先过这一关，你每天盯着钱你会连亲情都看不到。为什么有那么多亲兄弟打官司争房子？你只有放弃掉你的欲望，你才能看到感情这个层面。但是难道情感就是真理吗？不见得。只有放弃情感的束缚，你才能更接近彼岸世界，才能更接近信念。为什么中国人老是说出家呢？只有放弃掉情感对你的束缚，你才能接近信念，接近生命。有的时候亲情、友情这些情感是蒙你眼的东西。一个纨绔子弟，你要让他因为民族大义拿起枪

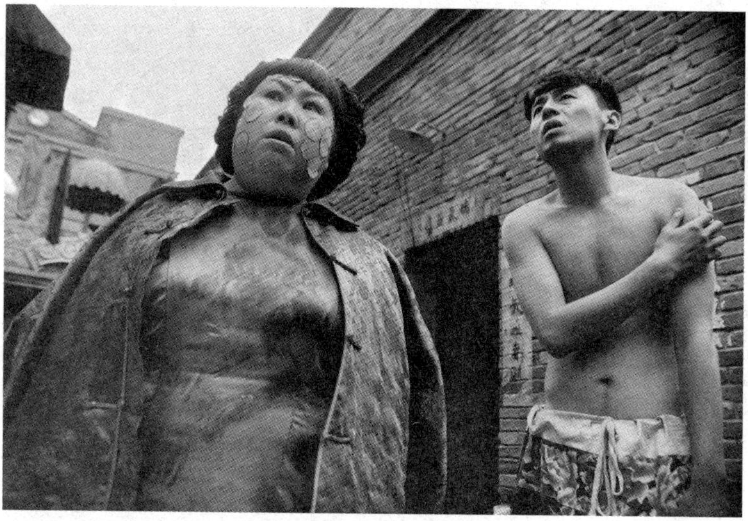

《黄金大劫案》剧照

去抗日，这都是瞎扯，但几次阵痛他就明白了，如果日本人杀了他家人，他肯定就拿起枪了。但拿起枪的这一步叫复仇，如果只停留在这儿，你还是仇恨。而你知道其实还有别的东西在后面，有比仇恨更伟大的一些事儿。我觉得成长是个问题，如何让我们获得勇气，这是一个问题，所以写了这个《黄金大劫案》。

林旭东　你想通过这样一个载体来谈你对成长的思考。

宁　浩　对，严格来说它不是一个纯娱乐的东西。我觉得在《香火》的时候是一种疑问，难道我们就这样了？难道这个世界就是这样了？是一个提问题的阶段。到“疯狂”那两部的时候，变成是看笑话，嘻嘻哈哈，不当回事，到《黄金大劫案》，我在试图寻找答案，也别光扯淡，批判太容易了，你说这房子装修得不好，或者挑毛病，是个人就干得了，你说你把这个装好了，一百个人不见得有一个人能干好。建设性的事情，哪怕只添一两块砖，我也觉得会更有意义。因为我们的社会形态不像美国，美国搞建设的人多，批判的人少，美国的主流价值观和建设型的电影不缺，以斯皮尔伯格为首的那帮人天天都在谈这事儿，什么是最好的，什么是最伟大的人性，什么是我们所谓的美国精神。偶尔有那么一两个开玩笑的，嘻嘻哈哈的，或者搞批判的人，但是我们这边好像不太一样。

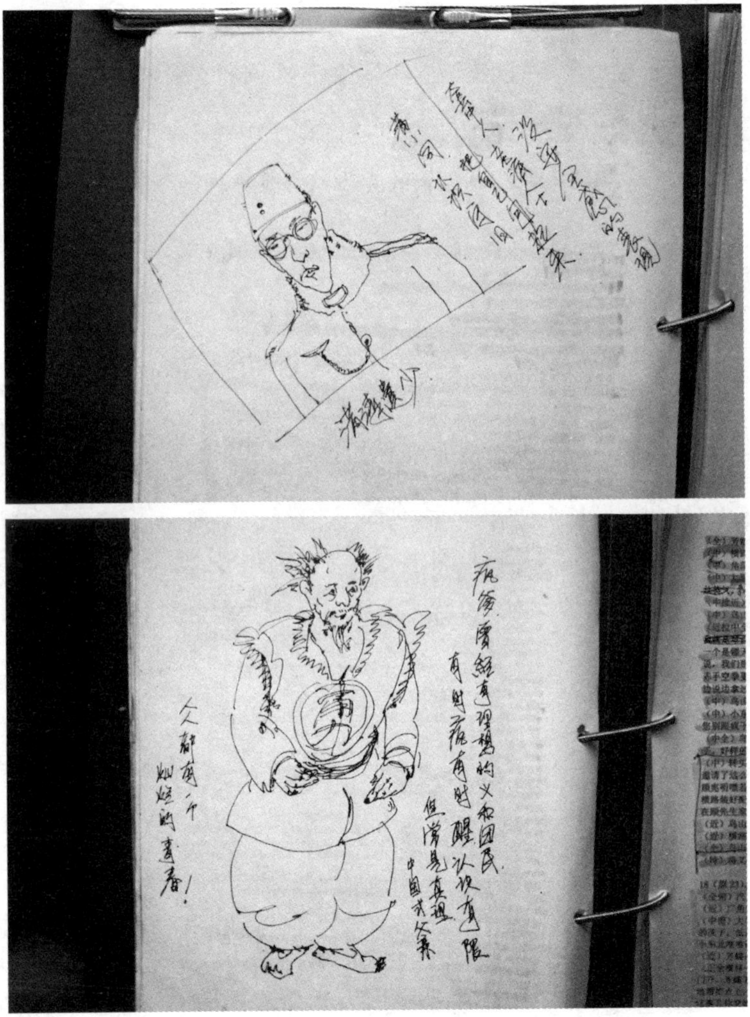

宁浩手绘《黄金大劫案》角色设定图

所以我觉得成长是个比较健康的命题，这个应该也是可以谈的。成长也是当下的年轻人很困惑的一个问题，很多年轻人都很深切地感受到迷茫、痛苦，比如现在都不结婚，都找不着，女的嫁不出去，男的不愿意承担，我觉得这都是一种潜在的拒绝成长。

农民工。炮友式爱情。《非诚勿扰》。

林旭东 拒绝成长是你在你的处境里找到的原因，但现在的年轻人所处的这个具体的处境不是那么好。

宁　浩 我也明白社会形态所起到的作用，整个的社会价值体系只奔着一个方向去，那个是主要矛盾，钱、房子、车，这些是主要问题。很现实。

林旭东 房子、车还是城里人的想法。现在中国工人阶级的主体是农民工，城里人都不做工了，农民工的身份又是农民，他们实际上已经没地了，新生代的农民工也不会种地，他们也不认可农村的生活方式，但是他们没有一个人敢说我想留在城里。他只是一天天地混，个别稍微好一点的，一年可能有一点点钱，这个钱按现在这个物价标准来说，太微不足道。所以他不是拒绝成长，他也想要成长。

宁　浩　现在这个时代和状态，尤其在北京，其实是女的比男的活得苦。她的本能是需要情感生活，需要家庭生活，需要有保证的，她不像男性，安全感需求较弱。而在这个时候，她实际上得不到任何安全保证，没有人结婚。现在所谓的恋爱状态就是谁也不提结婚，这叫什么？叫炮友式爱情。谁都没说过我爱你，要不就是逮谁跟谁说我爱你，两个人都在没有安全感的状态下，女孩也承认这种状态，不结婚就不结婚，彼此需要就过一段，过两天散了又走了。其实这种状态对于男性来说，问题不是很大，但是对于女性伤害非常大。目前就是这么个状态，我有一个哥们儿是民政局的，说现在登记结婚的连头两年的三分之一都不到。当然一方面我们说这是社会问题，有压力等等，但是过去还有战争呢，人类是不是不发展了？在今天来说，我觉得是有责任谈谈欲望这个问题的。整体欲望在带动个体欲望，而每个人都陷在欲望这个坑里不能往前走。在社会是这个样子的时候，你要不要自救？我觉得这也是一个命题。大家都说要有房有车才能结婚，你也就承认这一点，你也就掉在那儿，结婚跟车子、房有什么关系？

所以这个片子的第一步我谈的其实就是这个问题，如果你连钱都扔不下，欲望你都扔不了，你就看不到情感了。第一步就是你得做个选择，你是要金钱还是要爹？就这么一个简单的选择，在今天反而是一个挺难做的选择了，经常有人为一处房子，把老爹老妈轰出去，为了一个什么东西就夫妻反目，互相仇杀。人的情感世界已经被这个东西异化了，被黄金蒙住双眼了。所以这个人物作出的第一步转变，就是要丢掉你的欲望。再往上上一个层级，你甚至得知道情感还不是最终极的幸福彼岸，情感也会舍你而去，你的父母对你的爱算是美丽的情感，但是有一天他们会走的，你还要有某些生存下去的意义。这就是想做《黄金大劫案》的一些原因。

我经常看《非诚勿扰》那个栏目，你会很清楚地看到这个社会的标准，今天的这个异化程度是有问题的，连最基础的一些环节，像医院、教育、法律，都已经被这种准则所控制的话，那就要出问题了。医生想的不是治好病，是想着怎么弄钱。我们家里头一个亲戚得了癌症，医生张嘴就是，你要信我，你就给我十万块钱，我给你几副药。我后来把药拿去给另外一个朋友看，他说这个是澳洲的药，人民币大概几千块钱吧。医生在挣人家的救命钱，他觉得你快死了，多少钱都得花。如果已经变成这个样子，可能真的要出问题了，甚至这个社会机制都没有办法运转了。

这个片子在拍的时候还是比较顺利的，这次是制作费用最高的一次，我其实想做完这个事儿之后，中型制作的实验我就觉得做完了，第一次赢了，第二次没上，那是一千六百万拍的，第三部再看看，如果还能有好的收成，说明一千万到四千万这个成本空间是没危险的，只取决于你的剧本质量和故事等等这些因素。

林旭东 你这个完成以后，如果还算成功的话，下一步想做什么？

宁 浩 下一步想休息，没什么具体想法。

林旭东 你不是说你还在写一个爱情题材吗？

宁 浩 我之前写的。我同时会准备好几个故事，像《香火》那样的故事也还有好几个，可是我把它放掉了，因为我觉得人生是很有限的，一个导演一辈子能拍多少套电影？一套电影一旦启动就是两年，所以还是相对珍惜时间去想一想什么东西值得做。

宁浩与林旭东

后 记

林旭东

老实说，在宁浩的影片中，迄今最打动我的还是那部《香火》—— 让我欷歔的是，作为一个新人，宁浩对叙事的拿捏，不紧不慢，娓娓道来，随着结尾的戛然而止，让人悠悠地生出一股惆怅：时代进步，人物挣扎，道德异化，信仰沦落……又不尽然。

宁浩是个对自己的生命经历时有感悟的人，生活中的种种遭遇，都会点点滴滴地积淀在他的经验世界里酿成创作的素材，一旦灵感闪现，他就在银幕上创造出了活生生的人，而不是脸谱化的概念衍生物。据说宁浩常常手不释卷，只是任何一种现成的理论恐怕都难以和我们当下的现实完全重合。歌德说："生命之树常青，而理论永远是灰色的。"在两者之间是一片暧昧地带，艺术家在此安营扎寨，辛勤耕耘，以修补弥合我们被扯得七零八落的现实存在。

书中宁浩、林旭东照片和宁浩画作由王黎拍摄，画作原件由宁浩本人提供，剧照及工作照由宁浩工作室提供，封面照片由北京小马奔腾传媒股份有限公司提供。特此致谢。